辅导员心理健康教育工作指导丛书

成长的脚步

大学生朋辈团体辅导的理论与实践

王东升◎主编

北京师范大学出版集团
BEIJING NORMAL UNIVERSITY PUBLISHING GROUP
北京师范大学出版社

图书在版编目（CIP）数据

成长的脚步：大学生朋辈团体辅导的理论与实践／王东升主编.
—北京：北京师范大学出版社，2019.8
ISBN 978-7-303-24005-0

Ⅰ．①成…　Ⅱ．①王…　Ⅲ．①高等学校－辅导员－工
作　Ⅳ．①G645.1

中国版本图书馆CIP数据核字（2018）第182460号

营　销　中　心　电　话　010-57654738 57654736
北师大出版社高等教育与学术著作分社　http://xueda.bnup.com

CHENGZHANG DE JIAOBU

出版发行：北京师范大学出版社　www.bnup.com
　　　　　北京市西城区新街口外大街12-3号
　　　　　邮政编码：100088
印　　刷：天津旭非印刷有限公司
经　　销：全国新华书店
开　　本：787 mm×1092 mm　1/16
印　　张：18.5
字　　数：300千字
版　　次：2019年8月第1版
印　　次：2019年8月第1次印刷
定　　价：58.00元

策划编辑：何　琳　　　　　　责任编辑：陈　倩
美术编辑：李向昕　　　　　　装帧设计：锋尚设计
责任校对：段立超　陶　涛　　责任印制：马　洁

《辅导员心理健康教育工作指导丛书》编委会

丛 书 主 编：田　辉　李晓兵

丛 书 副 主 编：乔志宏　胡志峰

本 书 主 编：王东升

参与写作人员：赵　霞　古钦晖　汪一凡　王　永

赫倩倩　胡皓瑜　阳　倩　刘文婧

吕振伟　张一雄

总　序

田　辉

北京师范大学学生心理咨询与服务中心是中国高校成立最早的心理咨询中心之一，是北京高校学生心理素质教育示范基地，长期以来在北京市高校辅导员心理健康教育能力培训中发挥着重要作用。北京师范大学学生心理咨询与服务中心组织编写了"辅导员心理健康教育工作指导丛书"，它对提升广大辅导员心理健康教育能力具有重要的参考和借鉴作用。

丛书包括《大学生常见心理行为问题案例集》《大学生心理危机干预辅导员手册》和《成长的脚步——大学生朋辈团体辅导的理论与实践》。丛书反映了我校辅导员与学生心理咨询与服务中心协同工作的成绩和经验，是我校辅导员在学生心理素质教育工作中实践探索和理论探索的成果。

《大学生常见心理行为问题案例集》，列举了包括学习、网络成瘾、人际关系、情感问题、心理疾病、心理危机等大学生常见的不同类型的心理行为问题。每个案例由辅导员进行案例处理过程描述、总结经验，由学生心理咨询与服务中心的教师进行专业点评，以便帮助辅导员清楚地认识到，在面对学生的心理行为问题时，自己的位置和界限在哪里，如何寻求专业支持和帮助，以减轻学生的心理压力，更好地为学生服务。

《大学生心理危机干预辅导员手册》，则是以大学生心理健康教育为基础，帮助辅导员充分理解和认识大学生出现心理危机问题的内在机制，以及面对大学生的心理危机问题时，辅导员如何及时沟通、科学应对、有效处置，并引导辅导员积极面对危机干预过程中自身容易出现的情绪压力问题以及怎样加强自我关爱。

《成长的脚步——大学生朋辈团体辅导的理论与实践》，源于学生心理咨询与服务中心开展的十多年的成长训练营项目实践。本书介绍了朋辈团体辅导的设计原理，详细地分享了朋辈教练的培养方式、朋辈团体的实操指南，为辅导员培养朋辈教练、带领朋辈团体提供了非常具体的操作指导，方便辅导员随时查阅使用。

　　衷心感谢我校心理咨询与服务中心的工作人员和工作在一线的辅导员们。我的这些亲爱的同事们，忠诚于党的教育事业，坚持以学生发展为本，以高度的责任意识、出色的业务能力以及刻苦的求索精神为学生的成长尽心竭力。希望他们的经验能对广大辅导员更好地开展工作有所助益。

2019年6月于北京师范大学

成长训练营是上天赐给我的一个非常特别的礼物！

因为你几乎无法在其他大学里看到这样一个团体——一位教师带领着十几个学生，一批一批地开展这种朋辈辅导团体活动。当一批学生教练被培养成熟的时候，就差不多是他们该毕业的时候了，所以我们要一直不停地培训新人，工作强度其实比较大，当然其中的收获和成长也是巨大的。同学们像一面面镜子，映照着我的教书育人工作做得如何，以及我作为一名教师为人到底如何，更映照着我是否敬业、是否真的理解教育的本质、是否真的明白成长的本怀。所以，这里不仅是学生的成长训练营，还是我这名教师的成长训练营。

这条路其实有些孤单，这么多年我唯一遇见的一位同行就是亚历杭德罗·马丁尼博士（Dr. Alejandro M. Martínez）。他做事的理念和思路都与我的很相像。他是国际上朋辈辅导方面的专家、斯坦福大学心理咨询中心主任。他创建并主持的斯坦福大学朋辈辅导"桥"项目已经开展了40余年。

2010年，他带领几个学生在北京大学开办朋辈心理辅导工作坊，工作之余到北京师范大学与我们交流了半天。从他那里我学到了很多，也更加确信"学生训练学生"不仅是可能的，而且是值得做下去的。因为我的这些"小教练"、他的那些"朋辈咨询师"，正在向每一个见到他们的大学生展示，生命的成熟和和谐是可能的。

对于我来说，还有一个特别的收获在于，我真的开始觉得自己是一名教师。很长一段时间以来，我一直怀疑自己在大学里做心理咨询师到底算不算在当教师。成长训练营让我确信，我就是一名教师，不管做得好不好，传道、授业、解惑，一个都不少。

我从中得到的最大收获就是，我开始知道人才是可以培养的，而且只要方法得当，培养速度也很快。其中的秘诀就是，借用心理学理解中国文化，然后用中国人的文化，培养中国的人才。

十几年来，我使尽浑身解数寻找让学生快速成长的方法，最后自己却成了最受益的人。误打误撞，我找到一条把西方家庭治疗和中国传统文化整合在一起协助人全面成长的道路。回顾过去的十几年岁月，我想不到人生还可以怎样活得更值得。《成长的脚步——大学生朋辈团体辅导的理论与实践》是我十几年经验诉诸文字的一个整理，其中最让我心动的莫过于"成长训练营带队手册"和"每周例会精华录"这两章，十几年的经验、精华与心血，尽在其中。

这本书非常适合那些想带领青年人团体的辅导员或其他团体带领者。我想你们会非常喜欢"成长训练营带队手册"和"每周例会精华录"这两章的。尤其对于青年读者来说，"每周例会精华录"可能会是你感兴趣的一章，那里面有我和一群年轻人一起进行的有关自己、家人、人的成长和如何为自己做选择的最朴素的讨论。

希望你们会喜欢！

全书由我整体策划、编写，学生教练也参与了本书的创作。每一章都先由学生教练收集素材，初步编写，之后由我进行统一的整理、修订、补充和完善。

参与编写的学生教练名单如下：

第一章　成长训练营概况　刘文婧、吕振伟、张一雄

第二章　成长训练营的成长理念及团体活动设计原理　赫倩倩、胡皓瑜

第三章　怎样培养教练　王永、阳倩

第四章　成长训练营带队手册　赵霞、古钦晖、汪一凡

第五章　每周例会精华录　王永

第六章　成长训练营大事记　阳倩

第七章　成长训练营必备工作资料　汪一凡

我于2015年开始筹划此书的编写工作。2016年，学生教练开始着手整理材料，动笔编写，历时一年半，终于在2018年1月1日完成了。谢谢各位教练的辛苦付出，也感谢每一位曾经在成长训练营里工作的教练。

感谢编辑何琳老师的耐心等待！

感谢李明为这本书拍摄了那么漂亮的带队视频！

感谢1+1＞2拓展培训学校的各位伙伴们，怀念百望山下，一起并肩带队的那些日子！

感谢钟启阳博士，感谢您带来的纯正的童军训练和您的无私分享精神！

感谢中国香港山旅学会主席石天仑老师，您的分享、认可和邀请给了我们很大的信心和鼓励！

感谢心理咨询中心的同事们多年来对我工作的支持！

感谢乔志宏老师，您是背后默默支持我们的老大。2012年，如果不是您的支持，成长训练营可能早就已经不存在了。这份感谢深藏于心！

感谢聂振伟老师，我无法忘记您把我招进心理咨询中心的那一天。许多年来我一直认真工作，其中一个原因就是想让您和当时面试过我的车宏生院长知道，你们没有选错人！

感谢我的萨提亚模式（Satir Model）授业恩师约翰·贝曼博士（Dr. John Banmen），感谢引领我成长的萨提亚模式指导老师安娜·玛丽亚·洛（Anna Maria Low），这里面有关人成长的理念大部分来自你们的教诲！

感谢我的父母和家人，你们的爱，给了我无穷的力量，让我从一个小村庄，一路走进智慧的海洋！

感谢每一位在成长训练营里出现过的小教练们，你们一直是我亲密的战友，非常荣幸有机会以老师的身份与你们相遇！正是因为你们的出现，这一切才可以发生，谢谢你们！

最后，感谢每一位参加成长训练营的同学们。因为你们，成长训练营才有了存在的意义和价值。

"始生之物，其形必丑。"这本书是我们成长训练营对于使用朋辈团体辅导协助青年人成长的一些初步探索，我们的认识还存在很多不足，所以恳请各位读者阅读之余，可以不吝赐教，给予批评指正！

成长永无止境，让我们一起携手共进！

王东升
2019年6月于北京师范大学

Contents
目 录

第一章　成长训练营概况 　　　　　　　　　　　　1

一、成长训练营的缘起 　　　　　　　　　　　　2

二、成长训练营简介 　　　　　　　　　　　　4

三、成长训练营的团体要素 　　　　　　　　　　　　9

四、成长训练营团体活动与其他团体活动的区别与联系 　　　　12

五、成长训练营的目标、使命与愿景 　　　　　　　　13

第二章　成长训练营的成长理念及团体活动设计原理 　　15

一、什么是成长 　　　　　　　　　　　　16

二、成长训练营的核心理念 　　　　　　　　　　17

三、成长训练营团体活动设计原理、主题调整和指导原则 　　25

四、成长训练营团体活动内容 　　　　　　　　　29

五、参训队员心得摘抄 　　　　　　　　　　　33

第三章　怎样培养教练 　　　　　　　　　　　37

一、教练的选拔 　　　　　　　　　　　　38

二、教练的培养 　　　　　　　　　　　　42

三、教练的个人成长及感悟 　　　　　　　　　45

四、教练的专业成长 　　　　　　　　　　　58

第四章　成长训练营带队手册　63

一、队员的招募　65

二、带队前的准备工作　67

三、带队流程　70

第五章　每周例会精华录　157

一、怎样做一名教练　158

二、在生活中成长　168

三、带队技巧　217

第六章　成长训练营大事记　229

一、大事记（截至2017年12月）　230

二、带队具体情况统计　239

第七章　成长训练营必备工作资料　249

一、北京师范大学学生心理咨询与服务中心成长训练营
资料采集知情同意书及保密协议　250

二、北京师范大学学生心理咨询与服务中心成长训练营
资料采集知情同意书（补充协议）　252

三、二人组访谈提纲　254

四、我所了解的父母　256

五、给爸爸的一封信　257

六、给妈妈的一封信　258

七、活动效果调查表（每次活动结束后使用）　259

八、整期活动反馈表（六次活动结束后使用）　261

九、成长训练营带队详情统计表　264

十、教练带队总结模板　　　　　　　　265

十一、宿舍案例　　　　　　　　　　　266

十二、宣讲会所需文档　　　　　　　　267

十三、招募海报　　　　　　　　　　　270

十四、成长训练营带队工作流程及具体操作方法　　272

后记　我对大学教育的一些思考　　　　278

第一章
成长训练营概况

你不需要为了我而来这里，你要为了你自己来到这里。

——（加拿大）约翰·贝曼博士

导言

本章简要介绍了成长训练营的缘起，成长训练营的创立、发展阶段、组织架构和各部门日常负责事务，成长训练营的团体要素，成长训练营团体活动与其他团体活动的区别与联系，以及成长训练营的目标、使命与愿景，协助大家对成长训练营有一个大致的了解。

一、成长训练营的缘起

（一）拓展训练的起源

拓展训练（Outward Bound, OB），又称外展训练、户外训练，源于第二次世界大战时的英国。第二次世界大战时期，英国商务船队被德国人袭击，许多海员落水丧生。德国教育学家库尔特·哈恩（Kurt Hahn）在英国伯爵的资助下研究了生还海员的特征，发现他们技能好，经验丰富，意志顽强，于是创办了海上学校，训练年轻海员的海上生存能力。第二次世界大战后，拓展训练的训练对象从海员扩大到军人、学生、工商业者等群体，目标从单纯体能、生存训练扩展到心理训练、人格训练、管理训练等。拓展训练通常利用崇山峻岭、瀚海大川等自然环境，使学员通过参与、体验精心设计的活动，达到"磨炼意志、陶冶情操、完善人格、熔炼团队"的培训目的。

（二）主题式冒险训练——拓展训练的进一步发展

美国一所高中于1971年开创了主题式冒险训练（Project Adventure, PA），又称历奇训练。创办人杰瑞·培赫（Jerry Pieh）的父亲是明尼苏达拓展训练学校的创始人，他深受拓展训练的影响，并将其引入传统学校，目的是服务于体育课和文化课，帮助学生学习如何与人合作共事，建立自信心，打破单纯的"帮派"思想。体育课上的活动包括攀岩、绳网、短途登山等，小组学习的方式后被引入文化课中。该项目对学员的个人成长有显著效果，于是被逐步推广至社会服务机构、康复治疗中心、大中小学等。

主题式冒险训练后来进一步发展，演变成了历奇为本辅导（Adventure-Based Counselling, ABC），即以探索、教育为主的咨询活动，其主旨是透过体验活动处理参与者更深层次的心理问题。在活动中，个体的本性会自然流露，问题也会暴露出来，而具有的潜力也会被激发出来，所以，活动过后通过深入分享、讨论和反思，个体就有机会处理自己的内心困扰，使自己的心理问题得到缓解，人格得到完善。

（三）拓展训练和主题式冒险训练进入中国

1995年，北京出现第一所拓展训练学校，即北京拓展训练学校（现北京人众人拓展训练有限公司），培训活动主要面向企业，以主题式冒险训练为主，以早期的拓展训练为辅，主要聚焦于团队合作、团队通、领导力训练等方面。

但严格地说，他们并不是第一个将这种训练方式引进中国的人。因为同期在北京金山岭长城脚下，已经成立了一家叫"I will not complain（我不抱怨）"（简称IWNC）的拓展训练学校，创办者和教练均是外国人，培训的对象主要以外企员工为主。这两所学校是

图1-1　拓展训练

图1-2　2004年作者带领拓展训练工作照

国内最早一批从事体验式培训的学校，但真正对中国的拓展训练产生巨大影响的还是北京拓展训练学校，他们培养了一大批拓展教练，使得拓展训练在中国遍地开花。

1998年，一批国内最早从事体验式培训的资深培训师成立了另一所学校，叫北京1+1>2拓展培训学校。本书作者于2003—2005年在此学校任兼职培训师。

（四）拓展训练走入校园

2004年7月，本书作者硕士毕业后，来到北京师范大学学生心理咨询与服务中心工作，主要负责团体活动。他从9月开始筹建成长训练营，于10月开展了第一次招新活动。至此，拓展训练走入北京师范大学校园。

二、成长训练营简介

（一）成长训练营的创立

成长训练营创立于2004年，隶属于北京师范大学学生心理咨询与服务中心。在心理咨询与服务中心的支持下，成长训练营坚持"学生训练学生"（Training for student, training by student）的朋辈辅导理念，为北京师范大学在校学生（包括本科、硕士及博士）提供体验式心理训练，传播成长理念，创造成长机会，为北京师范大学在校学生的心理成长和学习适应助力加油。

体验式心理训练主要以传统孝文化和萨提亚家庭治疗模式对人的成长与发展的理解为核心成长理念，以传统拓展训练形式为框架，以拓展训练的部分活动和训练营自行研发的适合大学生的体验式活动项目为主要内容，以小组的形式进行。

小组成员在教练的带领下参加一系列的训练项目，并在参与活动后与小组成员分享自己的感受，从而对自己有更深的认识，对他人的行为以及自己与父母的关系有更深刻的理解。小组成员在参加训练的过程中，不仅能感受到来自周围人的爱，而且能

图1-3　2007年成长训练营教练组合影

意识到自己对自己、自己对他人的影响，从而有意识地、主动地为自己负起责任，为自己对他人的影响负起责任。

一般情况下，我们每学期都会举办成长训练营活动。训练时间为4～6周，每周活动一次，参加者无须缴纳任何费用。

（二）成长训练营的五个发展阶段

成长训练营的发展经历了以下五个阶段。

第一阶段（2004—2006年）：活动最初由王东升老师带领，于2005年5月开始由学生教练带领。活动主要以拓展训练为主，关注学生能力的培养，特别是职场能力的培养，如团队领导力、沟通能力、合作能力等。

第二阶段（2006—2007年）：在活动过程中我们发现，在校大学生的状态多是忙碌却孤单的，同伴之间往往缺乏真挚的友谊。因此，成长训练营的活动重心开始转移，由关注职场能力的培养逐渐转变为努力营造友好、和谐、信任的氛围，建立互助和谐的关系。

图1-4　2010年10月，受中国香港山旅学会兼主席石天仑老师邀请，作者和三位小教练赴香港交流

图1-5　2011年，成长训练营与中国少年儿童基金会和汇丰银行合作，为在京的外来务工人员子女组织团体活动

第三阶段（2008—2012年）：聚焦于建立互助和谐关系的团体活动受到人们的欢迎，因此，成长训练营的小教练们被邀请到各地去交流。成长训练营被中国少年儿童基金会和汇丰银行选定为合作伙伴，为在京的外来务工人员子女提供团体活动并培训志愿者队伍。

第四阶段（2012—2015年）：训练营教练组开始学习传统文化。我们在教练培训中加入《弟子规》的学习，并尝试将孝文化融入团体活动中。2014年，我们正式在成长训练营的活动主题中加入了"父母关爱和家族"的元素，并进行了数次改版。

第五阶段（2015年至今）：在第四阶段的基础上，我们吸纳了萨提亚家庭治疗模式中有关个人成长的理念和方法，在活动中又增加了自我关注、自我了解、自我肯定等内容，更多关注自我认识、对他人的了解、与自己的关系、与他人的关系和关爱自己、为自己负责等方面，旨在帮助教练和队员在了解自己的基础上建立自信，成为"自己"，再由此及彼，潜移默化地影响周围的人。

（三）成长训练营的组织架构

成长训练营以王东升为指导教师，并设立队长一名，指导教师和队长为训练营的负责人。负责人作为训练营代表签署有关重要文件，领导训练营开展工作，协调训练营下设的各个部门。指导教师负责选拔、培训、考核和督导教练，队长协助指导教师开展各项工作。

成长训练营下设部门及职能如下：

办公部：

负责会议记录、资料保管、财政管理和考勤等行政工作。设部长一名。

宣传部：

负责训练营各项活动的宣传工作和训练营品牌推广工作。设部长一名。

策划部：

负责设计培训主题、项目开发及培训效果评估等研发工作。设部长一名。

图1-6 成长训练营各部部长和组员

培训部：

负责活动室管理、带队培训、具体工作的策划和实施等。设部长一名。

（四）各部门日常负责事务

办公部：

第一，将每次带队教练的带队总结存档，有责任确保所有教练提交带队总结。

第二，负责报账，有责任要求教练在报账时尽量提供发票和相关收据。

第三，负责纸质版资料的保存和借阅以及资料破损后的修复。

第四，负责每学期初柜子的整理。当人手不够的时候，可以邀请其他部门人员协助。

第五，负责每学期初物资的采办。当人手不够的时候，可以邀请其他部门人员协助。

宣传部：

第一，制定每学期宣讲会的宣传任务，包括喷绘、展台设计、海报制作、教室布置等。

第二，负责讲座或其他活动的宣传。

第三，不定期邀请老教练回营分享。

策划部：

第一，在宣讲会前提供宣讲会现场的反馈问卷，并于宣讲会结束后统计反馈问卷；有责任要求负责录入数据的教练尽早将其负责的反馈问卷上的数据录入并提交。将反馈数据收集齐后进行统计，统计好后将最后结果存档，并且发一份到论坛上。

第二，制定反馈问卷，并将其提供给带队教练。

第三，在教练带队结束后，有责任要求教练尽早提交本期带队的问卷反馈数据，收集齐后进行统计，统计好后将最后结果存档，并且发一份到论坛上，并在即将举行的那期例会上做相关报告。

第四，制作大事记。

培训部：

第一，校园游览。

校园游览一年一次，每学年的第一学期初开始。

负责制定校园游览的整体策划、人员安排和具体流程。

第二，团体培训。

统计本学期所有带队教练的目标、时间、次数、督导和整体带队流程。

宣讲会主讲人的招募、试讲与培训。

第三，新教练招募及培训。

招募计划：人数、报名细则及具体流程。

面试（三次）：团体面试、个人面试、职位面试。

迎新会：组织架构及部门介绍；教练组规则介绍；教练感受分享；论坛资料浏览；承担具体工作任务。

培训：为新教练提供理论学习资料，安排新教练跟（老教练的）队，并要求其每次跟完队后都要提交跟队总结；要求新教练在例会上参与跟队分享；组织带队专题培训。

考核：新教练的理论学习情况、跟队情况以及在训练营里的参与情况。

三、成长训练营的团体要素

（一）团体情境

成长训练营可以为参与者提供一个良好的、温馨的活动场所。

在活动过程中，我们致力于创造一种信任、温暖、真诚、相互支持的氛围。这样有利于成员更好地开放自己、认识自己，同时以他人为镜，反省自己，在自己得到支持的同时也成为他人的支持性力量。

（二）团体规模

成长训练营一般由1~2名教练主持带领，团体成员的人数一般限制在8~15人。如果人数太少，一些团体活动可能无法有效进行。由于场地和时间等的限制，人数也不能太多。在8~15人的团体活动中，每个人都可以有深入分享的机会，且团队气氛相对也比较活跃。教练可以根据团队的状态灵活把控。

（三）团体领导

将同辈而不是教师作为大学生群体的教练，对于引领和支持大学生的成长有着独特的价值和作用。

成长训练营的教练都是经过选拔、培训和督导的在校大学生。有专业的心理学知识或良好的教练技术并不是最重要的，用自己鲜活的生命去影响另一个生命才是最重要的。教练本身的特质及其所呈现出的幸福、快乐、和谐的生命状态更能影响团队成员的学习和成长。一般来说，教练不仅有责任感、有觉察力、对人感兴趣，而且乐于助人、真诚、开放、包容，并不断追求着自己的成长。教练并不只是一个教育者，更多的是引领者和陪伴者。教练可能还不够成熟，也不可能事事都做得完美，但其朝着正向积极的目标努力迈进的态度更能影响和鼓舞团体成员，从而让大家学会自我觉察、自我接纳、自我负责，努力活出自己的价值与意义。

（四）团体成员

团体成员要自愿参加活动，而且有在活动中成长的愿望。

由于成长训练营只是一个成长性、发展性的团体辅导组织，因此需要团体成员是精神正常、心智健全的。那些有严重心理障碍的人，可能需要更专业、更有针对性的心理指导。此外，参加成长训练营的成员不一定要目标清晰，但一定要愿意成长，如

图1-7　活动剪影

果本身不愿意成长，即使来了，也很难收获成长。

（五）团体目标

　　每个人都有自己的成长目标。在成长训练营中，大家可以提出个人的目标和需要，并与团体成员达成一定的共识，从而形成共同的目标，大家带着目标去学习和体验，能够收获更多。一般而言，大家最后达成的共识性目标与成长训练营的核心成长理念总是契合的，即通过参与团体活动达到内在的和谐，学会自我接纳，同时更好地与人相处，提高社会适应能力。

（六）团体规范

　　团体规范可以帮助团体成员更好地实现目标。

　　一个团体要想良好运作，必须有团体规范。成长训练营有自己的团体规范，如真诚、尊重等。成长训练营的团体规范并不是由某个人制定的，而是由团体成员通过共同商讨与人际互动达成的共识性规范。

（七）团体历程

整个团体历程主要包括体验式活动与分享讨论。

成长训练营注重让团体成员通过观察、体验来进行反思与学习，教练是这个过程中的促进者和催化剂。教练不是自己一个人拉着成员往前跑，而是需要激发整个团体内在的动力，让每个人都能在团体互动中有所观察和学习，在自助的同时能够助人。在团体历程中，团体成员本身，尤其是团体成员的内在状态，永远比事先制订的项目计划更重要。

四、成长训练营团体活动与其他团体活动的区别与联系

成长训练营在本质上是一种朋辈团体辅导组织，是以团体活动为主要形式，以经过选拔、培训和督导的在校学生为带领者，为拥有一般性的心理困扰或成长性的心理需要的在校大学生提供帮助的一种成长团体。

一般来说，为人们提供心理帮助的团体形式可以分为三个层次：团体辅导（group guidance）、团体咨询（group counselling）与团体治疗（group therapy）。这三者在团体对象、问题严重性、活动内容、团体目标、领导者角色与资格等方面都有层次上的区别。

团体辅导主要是面向普通人群开展的，是一种预防性、发展性的工作。它主要是运用团体的情境、活动及课程来帮助个体，对于团体的动力相对不是特别注重。它应对的是个体在各生命发展阶段中所面临的一般性的心理困扰或成长性的心理需要。它对领导者的专业要求相对较低。

团体咨询主要是针对有一定心理困扰的人。除了有预防性、发展性的功能，它还兼具矫治性功能，注重补救及问题的解决。它主要是借助团体动力及交互作用，鼓励成员做更深入的自我探索，使成员做到自我了解、自我悦纳。它对领导者的专业要求比较高。

团体治疗则主要是针对有心理障碍的人。因为该类人群的问题比较严重，所以它对领导者的专业要求也最高。

在实际服务中，我们很难将三者严格区分开来。三种团体所遵循的理论与使用的方法在层次上是有差别的，但在本质上是共通的。成长训练营主要是属于团体辅导，有时也会兼具团体咨询的特点。

更为重要的是，在成长训练营提供的团体辅导中，团体的带领者是在校大学生。与教师和其他专业带领者相比，一方面，朋辈团体带领者会让队员们觉得更加亲切和放松，更容易放开自己；另一方面，朋辈团体带领者的一言一行，也在给队员一种示范，让队员们相信自己只要学习，也可以像他们一样具备这种能力，达到这种高度，拥有这样和谐的生命状态。

五、成长训练营的目标、使命与愿景

（一）目标

成长训练营希望通过"学生训练学生"的朋辈辅导活动协助大学生们看到自己、发现自己、认识自己、接纳和欣赏自己，然后由己及人，理解、接纳和欣赏身边的其他人，处理好与他人的关系。

成长训练营的核心目标是使学生们由此出发，关注并处理好自己与父母的关系、与兄弟姐妹的关系、与家族的关系，并在未来处理好自己的家庭关系。让更多的中国人身心健康，幸福和谐！让成长一代代传承下去！

（二）使命

爱因斯坦曾说过："学校的目标始终应当是使青年人在离开它时具有一个和谐的人格，而不是使他成为一个专家。"

　　成长训练营关注当代大学生的心理成长，聚焦于大学生的现实生活，以活泼、生动、引人入胜的体验式活动形式，在大学校园里弘扬中国传统文化，传播正向积极的成长理念，助力新生代中国青年人的心灵成长和和谐人格的形成。

（三）愿景

　　成长训练营以心理培训、心理咨询、团体辅导等形式为载体，促进中国传统文化在中国大学校园内的传播。

　　我们希望有一天在大学校园内，青年人可以在生活中全方位接触并受益于中国传统文化，如以中医养生理念引领健康生活，成就健康体魄；以"为天地立心，为生民立命，为往圣继绝学，为万世开太平"为宗旨，探索生命的意义，思考人生的价值；以儒、释、道修身养性的各种方式为路径，探索生命的终极真相。我们盼望着全方位奠基于中国古典文化的新时代的价值观、生活理念和生活方式能够在更多的大学校园里得以展现。我们要用优秀的中国文化哺育中国的青年人。希望这一天早日到来！

第二章

成长训练营的成长理念及团体活动设计原理

成长训练营的教练要呈现给队员一个理念，即一个诚实的人是可以很快乐的。教练要给队员一个新的视角，让他们知道原来不那么强势地表现自己依然可以这么美好，老实做事也可以很幸福，并在队员心里播下种子，给他们正向指引和激励，使他们对于做个健康的青年人有一个新的概念。

成功的教练要使队员相信：我们真的可以去相信一个人，人与人之间真的可以这么无私互助。这样他们就对未来有了信心。

第一代教练的任务目标是让队员很快乐；第二代教练的任务目标是营造良好的氛围，让队员之间建立良好的关系；第三代教练的任务目标是用生命去影响另外一个生命。

——王东升

导言

在大学阶段，青年人开始失去身边人的直接指导，需要独立地面对世界和自己。这种状态就如同骑自行车时不再有人搀扶，需要自己前行，又如同由副驾驶升级为司机，需要自己开车。他们尝试为自己做出一系列决定，并依据效果不断地做出调整。他们逐渐形成自己的世界观、人生观、价值观，而又常常陷入迷茫，进行着充满不确定性的探索。成长训练营关注队员与自己的关系，以及队员对自己的态度，鼓励队员关注自己、觉察自己、接纳自己和关爱自己，从而使队员顺利度过迷茫期，成长为更加成熟的自己。

一、什么是成长

曾经有一位小教练告诉我："我小学时本来挺快乐的，每天都充满自信，但发现同学们开始渐渐疏远我之后，我就开始自我否定。我经常问自己：'你凭什么喜欢自己？'以此来让自己不要自负，结果变得自卑了。在中学时，老师和同学的看法对我的影响特别大，我会因为老师的一句话哭好久，我非常关注别人对我的描述。我想做一个与世无争的人。"

我告诉她："他们不懂你的时候，就会说你有问题，而你也相信了。但其实，你心里一直渴望有个人能真正地懂你。现在你自己可以做那个懂你的人。我们每个人都会渴望有个人懂自己，但是无论那个人怎样懂自己，都不如自己更懂自己，所以我们就自己做那个最懂自己的人。"

这就是我理解的成长！

我相信，当生命被理解、被懂得、被允许的时候，它就会很快地成长。对于年轻人来说，他们就是要逐渐从依靠外界、依靠别人来理解自己、懂得自己、指引自己，转为依靠自己去理解自己、懂得自己、指引自己。在这个过程中，我们或许会犯错，会痛苦，会无助，但依然要尝试，直到最后真的懂得自己，依靠自己，成为自己最好的朋友。

成年人和孩子的区别就是成年人相信自己并且做自己，而孩子常常需要等待别人的支持和肯定。

那么人的成长最终指向哪里呢？要回答这个问题，我们就需要了解人的本质。

我们要用正向积极的方式活出自己本真的样子。当我们这样去生活的时候，就是在为这个世界做贡献。

为了成为更完整、更快乐的自己，我们投身其中，努力地做自己，让自己身体健康、心理健康，不让父母操心，然后提升自己生命的品质。

二、成长训练营的核心理念

成长训练营的核心理念之于成长训练营的活动就好像水之于万物。万物有了水便有了生机，而水是天地之间的精灵，闪耀着灵性的光辉。成长训练营的核心理念浸润着成长训练营的队员，就好像水滋润万物一样，无声无息。

成长源于相信！

就像相信种子里已经包含了大树和花朵一样，我们相信生命本身已经蕴含了所有美好的潜能。

就像种子需要有水、肥料、空气才能成长为大树和花朵一样，人们也需要通过各种尝试，来认识自己、观察自己、肯定自己、欣赏自己，直到最后认出自己，并通过认识自己认识整个人类，并最终成为自己，充分彰显自己的生命本质。这个曲折的历程就是成长！

而成长的方向，一开始就已经被生命设定，就是要成为自己，成为独一无二、举世无双，又在本质上和每个生命完全一样的那个自己。

成长训练营的核心理念就是要让每个人都成为他自己！

（一）悟道：我们相信人是可以成长的

我们相信，成长就是生命自身不断地蜕变。每个人都在试图找到生命的方向，成为最好的自己，每个人也都在努力地做最好的自己。就像河流终将会汇入大海一样，有一天我们会认识到真正的自己，并逐渐成为真正的自己，充分彰显出生命本有的智慧与美。

1. 我们对成长的期待

我们对成长是有期待的，因为我们相信，成长最终会带来成熟。简言之，在成长过程中，我们会不断地成熟，不断地发现更好的追求，不断地突破以前的自己，最终成为我们自己。

成为自己，成为最精炼、最简洁的自己，活出生命的核心品质，彰显生命本来的智慧、善良、爱和美就是我们对生命最大的尊重。

2. 成长是可能的，而且是多样的

成长训练营尊重每一个到来的生命，接纳每一种让生命绽放的方式，相信每一个生命都在努力地成长，期待每一个生命的每一种可能。我们常常把成长训练营比作一个大花园。大花园里有习惯于生活在角落里的小绿植，有挺拔的大树，有攀着大树摇曳的藤蔓，也有五彩斑斓的小野花。每一种植物都有它自己的成长环境，也有着不同的成长历程和不同的需要。

我们不能通过举例来说明到底有多少种成长经历，因为每个人都有他的独特性，但我们相信每个人都会在成长的驱动下找到自己成长的力量和方式，得到满足自己需要的成长。相信成长的可能性，意味着接受成长的多样性，意味着积极的期待。相信成长的可能性是教练带队时的信条。每当教练质疑某个队员时，一想到这句话，就会转而接纳他，并且更加积极地关注他。

因为相信成长的可能性，所以我们接受每个人的存在；因为相信成长的可能性，所以我们不纠结于阴暗面，而是选择面向阳光。我们不聚焦于修正错误、减少失误，而聚焦于发展优势、培养美好。

（二）修己：觉察自己、接纳自己、关爱自己，对自己的生命负起责任

1. 觉察就是知道当下的自己

每一个生命的成长都需要被关注。我们常常把关注给了别人，观察别人的喜怒哀乐与悲欢离合，在别人的脚本里扮演着善良的角色，却经常忽略自己，不与自己对话，不与自己独处，不对自己进行觉察。不论开心还是难过，我们只知道自己的期望得到或者没有得到满足，却不知道自己为什么会有这种期望，也不知道自己真正需要什么。

因为不曾觉察，所以我们一直尽职地、迷迷糊糊地、周而复始地演着已经编好的人生剧本，不是被不知从何而来的情绪所牵动，就是被目标的实现与否所左右，从来没有真正自由地活过。

我们到底为什么要觉察呢？

觉察就是一种生命智慧，即知道自己是谁，自己在干吗，自己从哪里来，要往哪里去……没有这种"知道"，我们就会自然地用应该代替觉察，如我现在应该做什么，我应该在哪里，我应该去哪里……生命由此入戏，剧名为《我应该这样活》。我们常常会不知不觉地一路狂奔，直到行至某处，身心俱疲，再也演不下去之后才开始质疑：我为什么会在这里？为什么要这么演？这个角色适合我吗？觉悟的人生便由此开启。

那么什么是觉察呢？我们应该怎样觉察？

最简单的觉察就是问自己三个问题：我现在的感受是什么？我现在需要什么？我正在做什么？

第一个问题：我现在的感受是什么？

总体来说，感受大致分为身体和心理两个方面。对身体的觉察能够帮助我们更好地认识自己的身体，认识自己身体的规律，以便更好地安排我们的时间。比如，每次熬夜后，我们可能会有几天状态不好，提不起精神，这种觉察能够帮助我们意识到自己需要更规律的学习和生活。对心理的觉察能够提高自己对情绪的控制能力。比如，到了考试周，学生的压力就会变大，这时候如果我们鼓励他们觉察自己的焦虑情绪，

就可以帮助他们认识到自己压力增大的原因，即考试临近，需要抓紧时间复习，从而引导他们寻找一些减压的办法。相反，如果他们回避觉察这种情绪，整天沉浸在焦虑的情绪中，他们就会被这种情绪牵着走。不管是对身体的觉察还是对心理的觉察，都可以帮助一个人更多地了解自己，掌控自己的情绪。

第二个问题：我现在需要什么？

我们要了解自己目前的需要，如需要温暖，需要吃饭，需要别人的关爱，需要别人的支持，需要别人的认同，需要一些独处的时间，等等。对于这些需要的觉察能够帮助我们做出决策。

第三个问题：我正在做什么？

当一个人对自己当下做的事情有所觉察时，其头脑才是清醒的，做事时才是有效率的。

不断地练习觉察能够帮助自己关注内心的静如止水或跌宕起伏。当自己有情绪波动时我们要能够觉察出来，能够感受到自己的情绪变化，能够与带着情绪的自己好好相处，觉察到自己的需要，然后去寻找能够满足它们的动力，这也是成长的动力。我们慢慢地学会觉察自己，不断地了解自己，逐渐获得照顾自己所需要的能力，成为一个有智慧的人，这就是成长。

觉察鼓励我们有意识地去生活。无意识地生活不仅会阻碍我们成长，还会使我们在面对生活时陷入被动，产生失去控制的无力感。对于一个迷失方向、不断尝试的大学生来说，当下他可以没有坚定的理想信念，没有清晰的目标，但是他必须要知道自己正在努力尝试和探索自己的未来。

2. 接纳是对自己的认可

接纳是对自己现有状态的认可，认可自己的疲惫或兴奋，认可自己的焦虑或愉悦，认可自己在一个项目的进行过程中所处的被动状态或主动状态。这些认可建立在对自己的觉察的基础上。接纳蕴含着哲学家黑格尔所述的"存在即合理"的智慧。虽然存在的事物有其内部矛盾，但是这种矛盾是由历史、环境等原因决定的。当一个人遇到困难时，如果他不能接纳自己面对困难的状态和应对困难的需要，那么他是不可能解决困难的。

接纳自己，既包括接纳自己的优点，又包括接纳自己的缺点；既包括接纳优秀的自己，又包括接纳不完美的自己。不完美才是最真实、最本真的。接纳自己，是对自己最大的馈赠。每片树叶的纹路都是独特的，每个人的美都是与众不同的。用欣赏的眼光看待自己，给自己力量，也成为我们追求更好的自己的动力。在弥补自己的不足之前，我们也要花时间接纳、欣赏自己所拥有的东西。成长是在肯定自己的基础上拓展自己，而不是去否定和批判自己。

3. 关爱自己是关爱他人的前提

在觉察自己、接纳自己之后，我们就应该学会关爱自己。

一个人只有在照顾好自己之后才能照顾好他人，就像一个装满水的容器，当自己满了的时候才有可能流向他人。爱也是如此。当我们充满爱时，才更有力量去爱别人。关爱自己并非自私，而是每个人的基本能力。学会爱自己才能学会爱他人。一个连自己都不爱的人对他人的爱也是一种索取。当这种索取超越了他人的承受能力时，不仅会对他人造成伤害，还会给自己带来莫大的伤害，因为对别人来说，一味地接受不知从何而来的爱也是一种压力和负担。在自己与自己以及自己与他人的关系网络中，我们首先需要处理的是自己的内在矛盾。就像一颗钻石，如果其内部结构很好，没有瑕疵，那么在白光的照射下它就会散发出耀眼的光芒；相反，如果其内部有很多杂质，那么它可能就不会发出耀眼的光芒。

关爱自己和关爱他人可以同时存在，二者并不相互矛盾。但在一般情况下，我们应先关爱自己，然后再去关爱他人。

（三）达人：保持对他人的好奇心，善于接纳与欣赏他人

1. 保持对他人的好奇心

好奇是生命拓展和成长的源头和动力。

对于生活在人类社会中的每一个个体来说，处理与身边人的关系是一件不可避免的事情。因此，对他人的好奇心是必不可少的，也是自然而然的。

在带队的过程中，教练要尽可能地关注在场的每一个队员以及他们的需要，而好奇心会帮助教练做到这样的关注，如他们是谁，他们与自己的关系怎样，他们有多爱自己，他们给了自己多少允许。如果教练对这些不感兴趣，就无法真正地了解队员。成长训练营希望教练可以关注队员，倾听他们的声音和故事，走进他们的内心世界。

不同的经历和不同的环境造就了不同的成长路径。每个队员都是一处宝藏，他们带着故事而来，毫不吝啬地向我们讲述着自己的经历、自己的想法，向我们分享着他们最大的财富。而我们需要做的不是去分析、去评价他们说的是对是错，而是去真诚地倾听他们的故事，去感受他们的心情，去关注他们的存在。关注他人不仅仅代表着一种尊重，更能让他人感受到自己的存在，明白自己的价值和意义。人都是社会性动物，没有谁能离开这个社会以及社会上的人而存在。很多人说过"我只关注结果"或者"我只对事不对人"。的确，在某种程度上，这些话都是有道理的。然而，仅仅关注事而忽略做事的人，其实是对生命的不尊重和遗忘，是一种缺失和遗憾。

2. 善于接纳与欣赏他人

自我接纳是一个发现自己并与自己和解的过程，接纳他人则是发现他人并与之和解的过程。没有人能被所有人接受。每个人的特点不同，所吸引的能量也有差异。不同才会有碰撞，不同才会有交流，不同才使世界更丰富。生活中也是如此，我们会遇到很多与自己不同的人，但是，这并不妨碍我们彼此接纳。

很多人都是在大学阶段建立了自己的世界观、人生观和价值观，并做出了不同的选择。我们要抱着接纳和欣赏的态度去对待他人。教练要善于表达欣赏，因为通过表达欣赏能够给予队员鼓励和支持，能够在团队中构建真诚的沟通环境，营造安全舒适的分享氛围。

我们要在支持中前行，在反馈中成长。团队中的每个人都是特别的，我们不求同却能够存异。队员们相互欣赏，彼此接纳，给出最善意的建议、最温暖的关心和最有力量的支持。在分享时，我们是安静的倾听者；在反馈时，我们是真诚的表达者。

在彼此的支持和反馈中，我们不仅能够收获珍贵的情谊，还能够收获支撑我们前行的力量。我们在与自己和解和与他人和解的过程中，不断地成长，不断地了解他人，并学会与他人相处。我们能够包容他人的不完美，从而变得更加宽容。

（四）齐家：关爱家人，学会在家庭关系中做自己

家庭永远是每个人最温柔的防线，家庭关系也常常是人们难以触碰的部分，但它们却无时无刻不影响着我们。家庭是我们的第一所学校，父母是我们的启蒙老师。很多时候，我们比自己所意识到的更像父母。每个人对自己的成长环境都有不同层次的认识，但很少有人去专门了解自己的家人、家庭和家族。我们对自己和他人的态度是从家庭中学到的，与父母相处的模式和与他人相处的模式在很大程度上是相似的。

回顾自己与家人的关系可以帮助我们了解自己与他人的关系，并且在回顾的过程中我们还能获得新的认识和体验。我们通过与家庭的和解，让自己与家庭相联结，从而获得支持和力量。很多人不喜欢自己的家庭或者家族。我们发现，很多对自己家庭或者家族没有认同感和归属感的人经常是缺乏自信的。父母可能不是完美的，但他们给我们的爱是完美的。如果自己都不认可自己成长的地方，那么内心在很大程度上就会缺乏支持的力量。每个家族的故事都能被写成一本书。我们在主动了解家人和家族故事时，可以启动埋藏在我们内心深处的来自家族的力量，这种力量在我们的成长过程中是不可或缺的。

家庭是我们成长的源头。回顾我们的成长历程可以帮助我们解决自己在人际关系上遇到的问题。在团队中分享家庭故事时，成员之间需要相互信任。在一个相互信任和相互关照的团队中，分享者会得到关注和支持，从而获得力量。从带队经验来看，在分享家庭故事之后，团队成员之间变得更亲密了。分享家庭故事能够让每一个队员变得立体。人们看到这个人，就会联想到他的家庭和成长经历。分享家庭故事的活动好像撕掉了一层阻挡在教练与队员、队员与队员之间的隔膜，会使之后的活动进行得

比较自然和顺畅。教练应鼓励队员做自己，把自己在家庭中习得的人际关系模式，以最自然的状态展现出来。

所谓孝道，是指关于关爱父母长辈、尊老敬老的一种文化传统。当然，人们只有能够爱自己，照顾好自己，才能去爱别人、去尽孝。

如果我们能够处理好自己与父母以及其他家人的关系，就能够处理好与其他人的关系。成长训练营对队员家庭的关注是其特色与精华。队员可以通过与父母沟通交流，重新审视自己与父母的关系，追溯家族故事，了解家族变迁，启动力量，增强自信。

在团队中分享家庭故事是展现自己，同时与他人建立联系的一次尝试。家庭故事把团队的分享带入了更深的层次，把队员向成长的履带上推动了一小步。

做自己的同时能够与家人有和谐的关系，就达到了成长的目标。

（五）助人：以人为本

"成长训练营最吸引你的地方是什么？"这是每次教练招新时必问的问题，也是最重要的问题之一。大家虽众说纷纭，但都离不开以下观点，即成长训练营可以为他们营造一个安全、彼此欣赏、有人倾听、相互帮助、相互支持的氛围。不论是刚入学的大学生，还是习惯了大学生活的研究生，在现在这样忙碌的节奏下，很少有人能静下心来听听自己的声音，更少有人愿意去真诚地倾听他人的故事。每个人每天都忙碌着，忙社团，忙学习，忙实践，忙实习，却很少有时间静静地关注自己的需要，关心自己本身。虽然大家在忙碌中收获颇丰，但收获的那些东西是否真正能够带来快乐和内心的充实与满足呢？越来越多的人不知道自己在忙些什么，总是感到迷茫。仔细看看"忙"这个字，"心""亡"又变成了"忘"，忙到忘了自己想要什么，忘了自己为什么忙。

渴望的总是缺乏的。教练关注队员个人，在乎他们的感受，在乎他们的心情，在乎他们本身。我们通过一系列活动让他们感受自己的内心，倾听自己的声音，寻找自己的需要，同时还让他们感受到教练以及团队中其他成员给予他们的支持和力量。正是这种人性的关怀让他们愿意继续来到成长训练营，继续成长下去。在教练培训当中，教师一直以来强调的都是教练在带队过程中对队员的关注。教练是为队员服务的，而不是要队员来配合教练完成活动任务。

教练要以队员为本，让成长训练营变得不一样，也让自己和队员变得不一样。

成长训练营将这些理念融入每期活动中，也将这些理念融入对教练的培训过程中。一方面，教练能够向队员传递这些理念，让队员认识到教练对自己是接纳欣赏的，是理解包容的；另一方面，队员在进行活动的同时，能够真切地体验和感受到这种理念，形成自己的理解和认识，并将自己的理解表达、传递、分享出来，成为大家的财富。这种润物细无声的滋养大概就是最好的启蒙吧。

三、成长训练营团体活动设计原理、主题调整和指导原则

（一）基于体验式学习原理设计团体活动

应试教育体制下的教育重视知识的传授，却缺乏对心理素质、团队合作能力、人际交往能力的培养，而这些素质和能力却是大学生在走向社会时所必需的。那么什么是体验式学习呢？有人给出了这样一个定义：个人通过在活动中的充分参与，获得个人体验，然后在培训师的指导下，与其他受训者进行交流，分享个人体验，改善心态，提升能力的学习方式。这里要强调两个词，一个是参与，另一个是体验。"先行后知"是体验式学习与传统培训模式最根本的区别。

对于一个团队来说，有些体验式活动是和某一期活动的主题密切相关的，有些体验式活动则不是。那些与主题无关的体验式活动可能起到的作用包括活动筋骨，活跃气氛，放松心情，增强队员之间的亲密感，等等。

学习分为两种，一种是通过直接吸收进行学习，另一种是通过体验进行学习。人

在小的时候直接吸收的东西比较多，虽然那时候体验也很丰富，但是通过体验学到的东西很少，因为传统的教育模式就是教师传授，学生吸收。成年人大多通过体验进行学习，他们已经形成了自己的人生观和价值观，希望用自己的生命去探索，去尝试，然后得到自己对世界的理解。《现代汉语词典》（第7版）中对"体验"的解释是："通过实践来认识周围的事物；亲身经历。"体验是指学习者通过实践来认识事物，将学习与探究中所获情绪与感受融入自身经验中，并影响原有经验。而体验式学习是指从实践活动中获得知识、技能、态度与方法的学习过程。

我们正是基于体验式活动原理去设计成长训练营的团体活动的。在团队活动中，我们让队员去观察，去体验，去总结，并最终提炼出自己需要的东西，然后分享给大家。体验之后的提炼和分享是成长训练营最注重的部分，因为一个人有了体验之后就一定会有收获，但是如果体验之后没有对收获进行总结和提炼，就白白经历了一次体验，无法从中获得精华。回顾和整理自己体验的过程是一个成长和学习的过程，分享这种体验的过程，又是一次整合和提升的过程。接受其他人分享的过程又是解决冲突、加深理解的过程。经过"体验—整理—表达—反馈—总结"一系列过程之后，队员们不仅对人、对事的认识和理解更加深刻了，对自己思想观念的认识也更加明晰了。

（二）成长训练营团体活动主题的调整

成长训练营的团体活动主题经历了以下几次调整。

1. 2004年9月至2006年，创建朋辈教练团队，将拓展训练引入校园

活动起初由王东升老师带领。他于2004年示范性地带领了一个团体，将团体的大部分成员培养成带队教练。自2006年5月起，活动开始由学生教练带领，朋辈团体活动正式开启。活动主要以室内拓展训练项目为主，关注培养学生的各种能力，特别是职场所需能力，如团队领导力、沟通能力、合作能力等。

图2-1　成长训练营第一次
团体活动剪影——排生日

2．2006年至2007年，第一次调整活动主题，开始聚焦于协助大学生建立互助、和谐关系

在活动进行以及王东升老师进行咨询的过程中，我们越来越发现，在校大学生的状态多是忙碌却孤单的，同伴之间往往缺乏真诚的友谊。因此，成长训练营的活动重心开始转移，由关注职场能力培养，逐渐转变为努力营造友好、和谐、信任的氛围，建立互助、和谐关系。我们一方面开始调整互动后的引领方向，另一方面开始研发一些适合大学生的体验式活动，如校园遛弯、新生适应等。

聚焦于建立互助、和谐关系的团体活动受到广泛欢迎。2008年，成长训练营的小教练们被邀请到香港交流。2010年，成长训练营被中国少年儿童基金会和汇丰银行选定为合作伙伴，并受邀为在京的青少年流动人群（外来务工人员子女）提供团体活动。之后，成长训练营用一年半的时间，义务为中国少年儿童基金会和汇丰银行培养了一支志愿者队伍，同时，开始思考和酝酿新的转型。

3．2012年至2015年，第二次调整活动主题，尝试将"孝"文化引入团体活动中

成长训练营开始组织队员们学习传统文化，在教练培训中加入《弟子规》的学

图2-2 可以拉近参训学员
之间关系的小游戏

习，并尝试将"孝"文化融入训练营的团体活动中。2014年，成长训练营正式在活动主题元素中加入了"父母关系和家族"的部分，并且将"父母关系和家族"放到重要的位置，使活动参与者在认识自我的同时又能够得到家族力量的支持，从而变得更加有力量，更加自信。此外，觉察和改善与家人关系的方法也能够被运用到与他人的相处之中，从而让自己的人际关系更加和谐。

4. 2015年至今，第三次调整活动主题，将教练培训聚焦于自我成长，希望用教练的成长引领队员的成长，用教练的生命状态激发队员的生命活动

在"父母关系和家族"活动的带领中我们发现，大学生只有形成了足够成熟的自我认识，才能处理好与父母的关系。因此，我们将教练培训的重心放在教练的自我成长和与人相处上，旨在让教练激发团队成员的自我认识与自我成长，使他们以更加成熟的视角看待人际关系和自己与父母、家族的关系。

（三）成长训练营团体活动的指导原则

每一次的主题活动都是与成长训练营的成长目标息息相关的，活动之间也有着紧

密的联系，因此我们轻易不会做出变动。而对于非主题活动，我们则可以按照队员的需要或者活动的需要进行改变或增减。在活动流程的安排上，我们以主题活动为重，在超时的情况下可以舍弃非主题活动，但绝不舍弃休息时间。

每件事的存在都有它的意义。对于我们来说，每一个主题和活动也都有其独特的意义和价值。成长训练营的意义和价值就在于让教练和队员共同成长，使每一个人都能够看到自己、关注自己，学会爱自己，成为更好的自己。因此，一般情况下，我们会先建立团队，使队员之间相互了解，增强安全感，随后以信任为主题建设有归属感的团队，在此基础上开展沟通合作的活动。当队员们的关系比较密切并且牢固时，继续深入，组织家庭活动以及自我探索活动，从而使队员在参与活动的过程中不断成长。各个主题之间环环相扣，层层递进，逐渐进入队员的内心深处。每个环节的安排都是极其缜密的。

因此，在整期活动当中，主题顺序不可被随意打乱，围绕主题进行的大活动也不宜被随便调整。一旦前面的铺垫没有做好，后面深入的部分就很容易失败。除此之外，我们还设计了很多丰富的小游戏，这些游戏大多被用于活跃气氛或者放松心情。游戏时间比较灵活，教练可以根据喜好、掌握程度以及活动进度自行调整。

每个团队的活动进度都有差异，队员们的接受程度也不相同。因此，在每期活动结束之后，我们都会安排一个反馈，帮助我们了解队员们的想法和感受，以便我们及时调整带队方向、活动主题或活动时间。

四、成长训练营团体活动内容

（一）总体介绍

成长训练营的活动主题随着成长训练营的发展在不断地改变。成长训练营经历了五个阶段的发展，终于达到了现在比较成熟的状态。在第五个阶段，也就是现在，成长训练营引入了与家庭相关的活动，这使得队员们与自己家庭的联系更强，成长训练营的实践也证明了这一点。家庭能够增强我们对自我的认识，通过家庭得到的成长也能够被我们应用于更广泛的人际关系中。我们的成长目标也转变为：相信自己，成为自己，同时能照顾好他人，并获得人际关系的平衡。

发展人际关系是人在成长过程中要解决的重要问题。在与别人建立关系的过程中，人们能够认识自己。随后的家庭和家族活动是使队员追溯成长历程、获得力量、尝试做自己同时关照他人的关键一步。

（二）六次主题活动

1. 第一次活动：以开营为主题

第一次主题活动旨在让教练、队员相互了解，营造温馨、欢乐的氛围，让队员感受到快乐并获得安全感，同时有所学习和收获，从而愿意继续参加活动。

与主题相关的活动有三个：二人组自我介绍、讨论团队的成长目标和团队的规则、团队建设。二人组自我介绍能够帮助队员在团队中快速建立和某个人的联系，能够打破团队成员间的陌生感，帮助队员熟悉团队。讨论团队的成长目标和团队的规则是非常有必要的，而且不能走形式，草草了事。团队的目标是队员对团队的期待，如果队员在这个方面得不到满足，很可能就会感到参加成长训练营没有达到预期的目标。团队的规则用于规范全体队员的行为，个别队员可能会对某些规则产生排斥感，然而没有规矩不成方圆。有些规则意识比较差的团队可能会出现队员玩手机、队员迟到等不利于团队发展的行为。在制定了团队目标之后，我们可以考虑在活动的分享环节引导队员分享与目标相关的收获。另外，我们也可以根据团队目标对团队活动安排做出适当调整，但一般不改变主题活动，而是增减或改变非主题活动。例如，有的队员在讨论团队目标时，提到在团队活动结束之后给其他队员一个拥抱，我们可以根据整个团队的反应考虑是否加入增强亲密感的活动。

2. 第二次活动：以信任为主题

第二次主题活动旨在让队员获得归属感，并进一步体验人与人之间的互动、合作、互相关心及换位思考，并探讨信任在各种关系中的重要性。

与主题相关的活动有默契报数、疾风吹劲草、盲人与聋哑人。默契报数活动能够让队员体验团队合作，学会处理团队合作中的矛盾，加强团队成员间的配合，增强团队的凝聚力，同时为盲人与聋哑人活动做一些铺垫。疾风吹劲草活动直接为盲人与聋哑人活动做了铺垫，增强了团队成员间的信任感，让队员感受信任和被信任的感觉。盲人与聋哑人活动不仅能够让队员觉察自己信任他人的模式（是容易信任还是很难信任），并体验信任和被信任的感觉，还可以引导队员以活动为基础分享自己关于信任的一些看法。例如，信任重要吗？怎样获得信任？什么时候才能信任别人？在这个项目里你是怎么决定信任他的？谁对我的信任负责任？等等。

3. 第三次活动：以沟通与合作为主题

第三次主题活动旨在让队员探索沟通的方法与技巧，进一步培养团队合作意识，探索自己在团队合作中如何与他人合作，从而达成整体目标。

这次活动开始引入行走与分享环节。行走与分享能够引导队员觉察自己，并融入成长训练营的氛围。宿舍案例和盲阵是与这次的活动主题——沟通相关的活动。之所以引入宿舍案例这个活动，是因为宿舍内部的矛盾与大学生的生活息息相关，同时也与"沟通"这个主题相关。宿舍案例活动设置的目的是尽可能还原宿舍里发生冲突的场景，从而引发队员对宿舍矛盾的回忆，为活动后的分享和讨论做铺垫。盲阵活动关注团队沟通。队员在盲阵活动中通常会遇到团队合作方面的困难，这会引发他们对于在团队合作时自己应该怎样做的思考，从而为活动后的分享和讨论做铺垫。盲阵活动可以引发与沟通相关的一些问题。例如，你觉得什么会让沟通更顺畅、更有效？什么会妨碍沟通的顺利进行？

4. 第四次活动：以我和我的爸爸妈妈为主题

第四次主题活动旨在提升队员与父母的关系和亲密感，让队员懂得感恩父母、孝顺父母，并在此基础上，讨论如何面对自己和父母的差异。

与主题相关的活动有我的全家福、感恩的心和写给父母的信。我的全家福关注队员的家庭故事以及队员与家人的关系；感恩的心通过让队员回忆父母对自己的付出，引发队员对父母的感激之情，深化自己与父母的联结；写给父母的信可以让队员将在成长训练营收获的感动和思考传达给父母，这可能会引发一些意想不到的改变，队员的成长之路也可能就此开启。在活动接近尾声时我们为队员布置作业：写一份"我所了解的父母"访谈提纲。

5. 第五次活动：以我的家族故事为主题

第五次主题活动旨在让队员与家族、与家庭和父母建立联结，由外而内地渐渐深入，并开始反思自己与父母之间的关系，逐渐形成感恩父母的理念。

与主题相关的活动有两个：分享家族故事和分享"我所了解的父母"访谈提纲。分享家族故事这个环节旨在让队员感受传统家族模式对自己成长的影响，让队员感受到自己和家族的联结。"我所了解的父母"访谈提纲这项作业是增进队员和父母交流的一个契机。与父母的交流越多，与父母之间建立的联结就会越多，自己从父母那里获得的力量也就越多。家庭和家族环节的分享让队员感受到自己根系家庭和家族，从而产生一种追根溯源的力量感。在活动接近尾声时我们为队员布置作业："守护天使"写给"国王"的一封信，写给自己的一封信。

6. 第六次活动：以结营为主题

第六次主题活动旨在让队员学会自我反省和自我觉察，学会为自己负责；对学习成果进行总结和提炼，并思考如何把所学应用于实际生活中。

最后一次活动旨在深化队员之间的联结，让队员之间的友谊能够延续下去。与主题相关的活动有："守护天使"写给"国王"的一封信、写给自己的一封信、小飞侠。

"守护天使"写给"国王"的一封信，表达了在这六次活动中"天使"对"国王"的关注。透过"天使"之眼窥见"国王"的成长，对于"国王"来说这是一次很好的体验。写给自己的一封信为队员提供了与自己交流的机会。队员在写信过程中会总结自己在成长训练营参加过的活动，以及在成长训练营的收获和成长。最后，在成长训练营结束之后，每个人开始做自己的"守护天使"。

小飞侠颇具仪式感，每个教练和队员要在贴在其他人身上的海报纸上写下留言。留言可以是祝福，也可以是鼓励。写满队员的祝福和鼓励的话语的海报纸非常有纪念意义，想必这张海报纸和成长训练营的结营证书一样是为多数队员所保留的。

五、参训队员心得摘抄

（一）成长的力量

每个人都是期待着成长而来的，聚集起来的正能量。——安妮

成长是什么？每个人可能有不同的成长轨迹。成长对我来说就是不断接纳自己，是找到和坚守自己想要的东西。——胡皓瑜

（二）体验心灵的故事

以前的我，眼中的世界里只有应该和不应该，黑色与白色。会不理解很多事情，很多人。不知不觉中，心胸变得狭隘了许多。但在这里，当我知道那些背后的故事，每个人成为现在的自己都有他自己的原因之后，我的心胸变得宽广了，我变得愿意去接受一些"灰色地带"，尝试去接触我本不喜欢的人。每个人都值得去尊重，每个人都有他背后的故事，只是你还不知道而已。——安妮

我学会了体察和热爱生活中的点点滴滴，懂得珍惜和享受当下的持有。——李小龙

（三）照顾自己&接纳自己

坦诚，展示真诚的自己，人生变得更简单。——安妮

脆弱的，丑陋的都是我，虽然我存在这些问题，但是我一直在努力地完善着我自己，并且我还有别人所不可取代的部分，这些都是我自己。所以说白了，我们自己要首先肯定自己并且接纳自己，不要一再抵制自己不喜欢的那一部分，接纳它才能控制它。经过这次成长训练营，我真的更加肯定自己的价值，也更加接纳那个并不优秀的自己。——高文姬

我意识到，想要成为别人的"心灵鸡汤"，首先要照顾好自己，让自己成为一个心理健康、情绪稳重的人。如果自己很容易受到他人的影响，经常变得暴躁不安，那还如何去照顾好他人呢？——古钦晖

我觉得，这个大抵就是发现自己的过程吧。慢慢地欣赏，慢慢地体会，自然就发现了自己。想到了刚开始的时候我们定下的目标，有一个是发现自我，有一个是学会沟通，我觉得其实最重要的是真诚，对他人，对自己。对他人，学会爱，对自己，学会欣赏，那么自然就放开了，一切外物皆由心生。——金晶

很多时候，我们都把更多的精力放在自己的短板上，却较少关注自己较好的一面。接受自己说起来容易，做起来却是那么困难。庆幸现在的我做到了。在和大家一起活动的过程中，我好像是打开了那扇门，看到了大家的另一面，也看到了自己的另一面，并且接受了自己。每一个人的存在都是独一无二的，或好或坏，我们又有什么理由不去接受自己呢？——刘斌

（四）性本善

我相信缘分的美妙，相信善良的念头会浇灌出美好的果实，相信真诚的沟通与付出会带来美好的结果，相信即使是不美好的事情也有它的价值，而爱与陪伴可以帮助我渡过难关。——胡皓瑜

（五）倾诉&交友

由于现实原因，这份友谊可能是短暂的，但是至少曾经拥有那么几个一起分享真

心的人。我们聚在一起，说着彼此的故事，不论悲伤还是喜悦。"不在乎天长地久，只在乎曾经拥有。"我觉得与其将这句话用于爱情，还不如用在友情方面更为贴切。因为朋友确实是很难陪伴你一辈子的，但是每当回忆起曾经那份真挚的友谊时，你已经感到了满足。——绿巨人

（六）从别人的角度考虑问题

在成长训练营的活动中，我最大的收获是能够学会站在别人的角度考虑问题。这一点不单是对于和父母的关系而言，更多的是我作为一个人能够更好地被人接受的基础。——陈聪

（七）沟通

要懂得如何用语言或者其他方式去与人交流，必要的表达和交流是人与人交往的重要条件。学会沟通会让你说的话更有效力。——古钦晖

我是不打算放弃坚持自己认为正确的想法，然后对家长言听计从的，但是我应该会更多地去和家人交流为什么我坚持这样做，我的想法是什么。通过更多沟通来打消他们对我所做决定的顾虑，而不是只顾埋头坚持。——绿巨人

（八）自信

唯一幸福之路，不在天堂，不在寺庙，不在桃花源；唯一得道之路，不在《道德经》，不在《金刚经》，不在《论语》；唯一可以让你幸福，让你得道的，只有一条路，就是"爱上你自己"。我觉得我现在已经爱上了我自己。每个人都有缺点，我当然也有，但是我仍然爱我自己。我相信现在这个有勇气以及成长动力的我也是值得我爱的。——陈聪

勇敢地迈出第一步，就像April（阿普丽尔）说的那样，你害怕什么就要去尝试什么，挑战自己，而且二璐说，即使大家犯错了也不会受到责备。所以，勇敢地去尝

试吧！——赫倩倩

（九）信任

很多时候我不会也不敢说出自己的想法，因为害怕会被拒绝。但是在这里，我明白了何为信任，慢慢地也学会了信任他人，学会了宽容与忍让。我要慢慢地去发现他人的美好，慢慢地学会爱，学会信赖。——金晶

（十）家庭

我发现自己其实拥有很多的不平凡。以前常常慨叹自己为什么没出身富贵人家，没赶上"金戈铁马"时势造英雄的年代，偏偏生在一个不知名的小山村里的贫苦农民家庭，没有"轩轩如朝霞举，肃肃如松下风"的容止，也没有"倚马可待，七步成诗"的才情，只是在社会的最底层苟延残喘。直到我在成长训练营中完成回想家族故事的任务时，才发现原来自己的家族"比一部书还热闹"。这平凡的世界里蕴含着太多的不平凡。——李小龙

第三章
怎样培养教练

用成长激发成长，用心灵影响心灵。

教练是成长训练营的生命之水、活力之源。正是因为教练的护持和带领，参训队员才有了一方可以自己做自己的天地，他们可以大胆地尝试和体验，自由地觉察和呼吸，没有压力地反思和认识自己。同时，教练对队员潜移默化的影响，也是协助队员成长的重要因素。教练的选拔和培养是成长训练营中十分重要的工作，也是成长训练营可以连续十余年持续地吸引普通学生参加由同样普通的自己的同学所带领的团体活动的主要原因。

学生可以训练学生，是因为一部分学生真的先成长起来了。而我在成长训练营中的唯一工作，就是选拔和训练那些愿意认识自己、关爱自己，并愿意协助队员认识自己、关爱自己的学生。

我要让这一批学生可以做自己，也就是协助他们认识自己、相信自己、成为自己。当培养出这样的认识和习惯之后，稍加训练，他们就可以成为合格的教练。

然后，这些年轻的小教练就要去带领年轻人的成长团体，在活动中，这些年轻人就会自然地相互影响！

这就是成长训练营的核心秘密！

——王东升

导言

为了培养出合格的教练，成长训练营设计了一套相对比较完整的教练选拔和培训的方法。经过十余年的不断完善，这套方法目前已经比较成熟和固定。

总的来说，教练的培养要从选拔合适的人才开始。入选后，入选者会有大概半年的培养时间，其间需要完成个人成长和专业成长。个人成长的目的主要是让教练开始认识自己，接受自己，变得自信、开朗，成为一个心态相对稳定、和谐，心理比较健康，并具有积极向上的生活态度的年轻人。专业成长主要是跟老教练的队，一方面协助老教练完成带队任务，另一方面熟悉带队流程和方法，并且在跟队期间需要尝试带领几个小活动，同时阅读成长训练营的带队手册。一般情况下，这样训练半年之后，这些教练就可以在老教练的督导之下独立带队。

我认为，十几年来，我们做得最成功的事就是教练的选拔和培训。

下面我们分别介绍具体的方法和经验。

教练可谓一个团体中的灵魂人物了，他自身的品质在很大程度上影响着队员对所参与活动的体验深度以及队员的成长高度。

培养一名教练需要许多资源的支持，教练自身在成长过程中也要付出不少努力。那么对于一个机构而言，应该怎样培养教练呢？对于教练个人来讲，怎样才能成长为一名合格的教练呢？本章将给出答案。

一、教练的选拔

带队教练是一种特殊的职业，教练本人必须具备一些特别的素质和价值观。所以我们一定要选到合适的人，这样不仅管理起来会很容易，培训起来也会比较快。

（一）怎样招募教练

成长训练营只招募已经参加过训练营活动的学生。通常在每一期带队结束后，带队教练会向自己的队员宣布教练招募计划，有意向成为教练的队员就可以直接报名和参加面试了。

面试共有两轮。第一轮面试的面试官全部由小教练组成，主要考查应征者对营员基本情况的了解程度、参加成长训练营教练组的动机以及所具备的营员特质（自信心、亲和力、灵活性、条理性、自我了解、面对冲突的表现等），看他们是否具有成为教练的条件。

第二轮由指导老师亲自面试，主要考查应征者是否有自我反省、自我觉察的能力以及助人成长的意愿。通过这一轮面试后，应征者就可以正式成为教练组的候选教练。

（二）面试背后的价值观和成长理念

成长训练营的教练都是从有意愿成为教练的营员中选拔的。在参加完一整期成长训练营的活动后，营员对成长训练营的活动内容和形式有了大致的了解，对活动的意义和价值也有了自己的判断。因此，在活动结束后，他们可以根据自己的兴趣和判断来决定是否申请成为教练。

我们不是招募那些欣赏训练营、喜欢训练营的人，而是招募那些愿意帮助别人成

图3-1　成长训练营排练面试剪影

长的人。因此，在选拔中我们最为关注的是应征者"是否有助人成长的意愿和动机，是否具备耐心、细致、关爱他人的品质"，而性别、专业、经验、能力都不是影响应征者成为教练的因素。

（三）面试的一些经验

1. 面试标准

我们在面试时，第一看应征者的潜质，第二看应征者的短板。我们能不能接受他的短板？在成长训练营中他可以改变吗？他对自己的短板认识强不强，愿不愿意改变？他愿意觉察就可以。我们不要因为他的短板而忽略他的优点。如果我们连立场都站不稳的话，判断也就会不准确。你们是找到足够吸引你们的理由（有足够的优点）让他面试，而我是找到足够的理由（缺点在可承受范围内）让他留在这里。

2. 群体面试时观察什么

在群体面试的时候，我们要看被面试者对人的接纳程度以及对与他持不同意见的人的态度，是当成敌人战胜还是有爱心地接纳；在表达不同意见的时候有没有攻击对方；表达的是不是清晰有条理；语气是不是有礼貌，充满关爱。学会这个之后，你就会知道每个队员在发言时处于什么状态。

3. 单独面试时问什么问题

我们在单独面试时可以问以下问题：

训练营为什么能给你带来快乐？帮助别人为什么对你那么重要？你要如何变得自信？

成为教练对你有什么好处？代价是什么？你有什么需要学习和需要改进的？别人对你的认同为什么重要？

通过我们的谈话你学到了什么？

（四）教练需要的一些能力和品质

1. 教练应该具有成长的愿望和开放的态度

教练只有渴望成长，才可以在成长训练营中汲取对自己成长有益的养分。具有开放态度的教练，比较容易接受督导老师及其他教练提出的建议或意见，也会更多地分享自己的成长心得，激励教练组共同成长。

2. 教练应该有助人的意愿和责任感

教练应该具有较强的助人意愿，在带队过程中用心地为队员着想，促进队员成长。教练还要有责任感，愿意在团队中承担引导和反馈的责任，以团队为中心，为队员服务。

3. 教练应该有较强的自我觉察能力和对他人的感知能力

教练应该具有较强的自我觉察能力，这样才能不断地觉察自己、完善自己，从而在引导分享时，以自己为例进行示范，引导队员，为团队营造坦诚真实的氛围。

教练也需要对他人有较好的感知能力，这样在活动时可以很好地把握团队的状态以及每个队员的状态。

关爱自己，体谅他人，是教练最基本的素质。

4. 教练应该有较好的表达能力

教练需要带领一群人完成一些项目并引导讨论，因此在布置任务和引导分享时，需要表达清晰、流畅，且在表达失误之后能够及时调整。

5. 教练应该有平和的心态

教练只有心态平和，才能对队员产生积极影响，使他们心态稳定。教练只有心态平和，才能为队员做出示范，从而更好地引领团队，促进队员成长。

（注：前两项属于价值观和动机，是很难培养的，所以我们在选拔教练时要考查候选人是否已经具备。后面三项属于能力特质，是可以在培训中大幅提升的，所以不需要候选人一开始就具备。）

二、教练的培养

一般来说，应征者通过面试后就会成为候选教练，可以进入教练组参加每周一次的例会，然后会成为跟队的实习教练，之后会成为在老教练的督导下带队的见习教练，最后通过再次考核之后就可以成为正式教练，并开始独立带队。

成为正式教练之前这段时间，都属于教练的考核期，其间我们会视具体情况（如是否顺利通过考核）决定他是继续留在成长训练营还是离开。

（一）教练培养流程

1. 候选教练到实习教练

应征者通过面试成为候选教练后，就需要做实习教练跟一次队，向老教练学习如何带队。在跟队过程中，实习教练要协助带队教练准备带队所需材料，并在活动过程中在一旁观察老教练如何带领队伍活动以及如何引导队员自我觉察、反思总结。

活动结束后，实习教练与老教练一同讨论此次带队情况，并在跟队日记中总结此次带队的经验或感悟，对于跟队中遇到的问题可在例会中与指导老师及其他教练共同讨论。

2. 实习教练到见习教练

实习教练跟队学习后，指导老师会对其进行评估，了解其学习情况及其自身状态。若指导老师认为实习教练可以带队了，且实习教练自己也愿意带队，那么他就可以转为见习教练，在老教练的督导下自己带队进行一整期活动。见习教练在实际带队过程中需要自己把控所有活动，这对见习教练来说既是一项挑战，又是一次进一步学习和成长的机会。

在见习教练带队时，督导教练会在一旁观察见习教练的带队情况。在带队后，督导教练与见习教练共同讨论此次带队情况，督导教练给出建议或意见。对于在带队过程中遇到的无法解决的难题，见习教练也可以在例会中与其他教练共同讨论。

3. 见习教练到正式教练

当见习教练在督导教练的支持下带完一整期队之后，指导老师会结合督导教练和学员的反馈，对见习教练进行评估，了解见习教练的心理状态、成熟程度以及带队水平。通过指导老师的评估之后，见习教练便成为成长训练营的正式教练，并可以独立带队。

正式教练带过几次队之后，自动获得督导资格。

（二）教练成长的途径

在长达半年到一年的教练培养过程中，教练需要非常认真地、投入地完成大量与带队相关的工作，并在整个过程中不断地觉察自己、完善自己，最终成为正式教练。教练完成这些成长的主要途径是跟队、带队、督导和参加例会。

1. 跟队

新教练必须至少跟队一次。新教练跟队时的主要任务是在活动中观察带队教练，对带队情况和带队教练的状态等进行反馈，帮助带队教练准备物资。在跟队过程中，新教练可以根据所发的带队手册，熟悉带队流程，了解带队所需物资，了解带队教练的工作情况，并学习一些带队经验和方法，从而从理论上和实践上获得对成长训练营团体活动的全面了解和认识。

2. 带队

在跟队之后，新教练要在督导教练的支持下带队。

新教练带队的一般流程如下：①熟悉带队手册（本次带队有哪些活动、如何布置、如何引导分享等）。②预演（与搭档提前预演，如果是一个人带队，最好邀请督导教练给予反馈）。③物资准备。④带队。⑤带队教练、督导教练、跟队教练共同讨论本次带队情况。⑥写带队总结/跟队总结。

新教练独立完成全部的项目布置、项目带领后，需要组织队员进行分享回顾。督导教练在每次带队结束后给带队教练反馈。

带队的过程能够考验新教练的项目熟悉度、心理成熟度和临场反应能力。在这样的压力之下，新教练会具有强烈的学习热情和学习动机。同时，新教练的优势和短板也会在带队过程中暴露无遗。随着教练的自我觉察以及周围队员和督导教练的不断反馈，新教练会快速地完成自我认识、自我接纳的心理过程。经历过这样的磨炼之后，新教练才能真正成长为成熟的教练。

3. 督导

每支队伍中一般都会有一到两名有带队经验的教练作为督导，在现场观察新教练带队，并给予新教练一些反馈，解答新教练遇到的问题。

督导教练在场，一方面可以在带队教练遇到突发状况时给予支持和帮助，保证团队不会出现太大的问题；另一方面可以对带队教练的表现及时进行反馈，帮助带队教练提升能力。

4. 例会

成长训练营基本每周都会开一次例会，在例会上指导老师与教练讨论问题，分享心得体会。讨论的内容主要是在带队、跟队中遇到的问题或者心中的疑惑以及生活中的困惑，具体如下。

第一，分享。指导老师与各教练交流近一周发生的事情和感悟，讨论大家在生活、学习、工作中遇到的一些困惑，在讨论与分享时引导教练进行自我觉察、自我反思，使教练更理解自己和他人，以更好的心态和方法应对生活、学习和工作中出现的问题，同时引导教练学习分享的方法。

第二，学习。指导老师会根据教练的情况，讲解一些有关自我觉察、个人品质提升、心理、团体等方面的理论或方法。

第三，练习。指导老师指导教练进行一些冥想、雕塑、表达等方面的练习。

例会主要聚焦于提升教练的心理状态和自我认识、自我调整的能力，以及应对学习和生活中遇到的一些"成长的烦恼"的能力。指导老师会引导教练去寻找

图3-2　成长训练营教练组
每周一次的例会

问题的答案，其他教练也会提出一些中肯的意见或建议。当指导老师发现教练的闪光点时会鼓励教练做出总结并进行分享。分享可以使教练对自己的收获有更深的思考和认识，也可以使其他教练从中汲取对自己有益的部分，从而促进大家共同成长。

　　教练的自我认识和自我接纳主要是通过例会中的培训、讲解和问答完成的。这些内容被汇集在后面的"师生对话录"中，可以协助大家了解我们是如何在自我认识、自我接纳、人际沟通、与父母的关系等多方面对教练进行培训的。

　　在例会上，每一队的带队教练与跟队教练轮流分享自己遇到的问题以及自己的感悟、收获。督导教练和其他队的教练对这些内容进行反馈，对上一次带队进行总结、提炼，适当调整带队方法和心态，并对下一次带队进行预期和部署。

三、教练的个人成长及感悟

（一）教练的个人成长

　　每个人都有许多角色，带队教练除了是成长训练营的教练之外，也是他人的学生、子女、朋友、恋人等，也承担着许多责任。教练们要完成这些角色所需完成的任务，就必须知道如何理解这些事情，如何处理好这些事情。为达成这一目标，教练们所需完成的自我认识、自我发展、自我改变，被称为教练的个人成长。

这种成长引领年轻人更了解自己、理解他人，更加独立自主，使他们具有独立的人格，能为自己做决定并能为自己所做的决定负责任，能有意识地觉察和了解自己与周围人、周围世界的关系，创建与他人和世界的和谐关系，直至可以无私地为他人和世界做出自己的贡献。

教练们可以把在日常生活中遇到的困惑或困难带到例会上，与大家一起讨论。个人成长内容主要包括我是谁、我学的专业适不适合我、我该如何探索自己、我要如何找到适合我的方向、和父母意见不一致时我该怎么办、我该如何处理与同学的关系、怎样看待与异性的交往等。

我们鼓励教练们在生活中通过自我觉察和觉察外界的人、事、物，学习怎样更好地处理关系、更好地解决问题、更好地承担自己的责任，从而更好地扮演自己的各种角色。更重要的是，我们鼓励教练们通过不断尝试和自我觉察，探索自己未来的方向，如什么是自己不想要的，什么是自己想要的，并在这一过程中真正地找到自己、发展自己、拓宽自己，最终达到"自己"这一独特生命所能达到的完满的、丰富的、平衡的状态。

（二）教练的个人感悟

下面是一些教练写的个人感悟，从中我们可以看到他们体验了什么，获得了哪些成长。

我在成长训练营中获得了什么

汪一凡

我依然记得2013年自己刚来大学时的样子。那时的我安静内向，说话声音小小的，在人多的场合会不由自主地紧张。第一次开班会的时候，班主任让班里每个人都报出自己的名字，坐在教室最后一排的我在说自己名字的时候，声音小得谁都听不见，我努力地说了四五次，最后是旁边的同学大声告诉了老师。

那就是我四年前刚到北京师范大学时候的样子。

你要是把这些告诉这一年来新认识我的同学，他们一定摇着头不相信。

这些变化，除了年岁的增长，与我在成长训练营中所获得的一切是分不开的。控制住变量横向相比，与大多数身边未参加成长训练营的同学比较起来，我认为我多了一分成熟，多了一分处变不惊的稳重。

我目前是大学四年级的学生，参加了三年的成长训练营。我一进学校就加入了成长训练营，先作为营员参加活动，后成为见习教练，再成为正式教练。除去去国外交换的一年时间，成长训练营丰富着我所有的大学时光。

在成长训练营中这么长时间，我的第一感悟就是"投入越多，收获越多"。当然这八个字不止用于成长训练营，对于其他事情来说也是一样。成长训练营就像一本耐读的好书，经过这么长时间的学习，我从中收获了许多。

成长训练营的团体活动每期都有不一样的主题，如信任、沟通、父母、家族等，这些都与我们的生活密切相关。无论我们从事什么职业，学习什么专业，这些内容永远存在于我们的生活中，是我们人生中绕不过去的点。但这些重要的点，并不是每个人都可以学到的，这不禁令人感到遗憾。成长训练营的团体活动为我们提供了这样一个学习的机会：通过信任，我知道了团队，意识到人与人之间的真与善；通过沟通，我明白了正确看待人际关系的重要性以及沟通的无可替代的地位；通过父母家族，我发现了自己背后无穷的力量，对自身有了更清晰的认识。成长训练营梳理了我的生活，让我在这个由人组成的社会中，能更好地与人交往，更清晰地认识自身。

经过营员阶段后，我报名做了教练。两年多的教练生涯使我发现，做教练比做营员收获更大。先不谈指导老师在每次例会上的排忧解难和学习不同主题的益处，在团体活动方面，身为教练的我需要比营员有更多更充足的认识——知其然，也要知其所以然。这无疑让我对团体活动本身的六个单元更为熟悉，更加了解。

在教练生涯中，我感觉收获最大的就是学会了觉察，对自己的觉察和对他人的觉察。觉察，使我在各种情况下能够发现自己或者他人的情绪，并对此做出适当的反应。这项"技能"，就宛如船舶航行时的灯塔，远足人手中的指南针和地图，使我在遇到困难或者产生不良情绪时，能够很好地认识自己，并用合适的方法去应对。当我遇到问题时，我学会了去发现问题，正视问题，分析问题，解决问题，而不是像过去的我一样"当局者迷"，被生活中随时可能出现的问题所击倒。

除了日常带队、教练例会之外，成长训练营的指导老师王老师还会定期向我们介绍一些主题理论，发一些有益的书籍给我们看，让我们做一些练习。这些主题总是丰富且有益的。我们学习过传统文化，重温了《论语》，体验着祖先千年的文化精华；我们形成了正确的自我认知，认同自己，发现自己，知晓我们自身才是自己所拥有的最大财富；我们尝试过站桩，我们分析过性格，我们阅读过灵性……这一切，全是为了让我们更好地认识自己，发现自己，在人生道路上"武装"自己，让自己有一种释然的心态，无论在哪儿都能开心。

我在芬兰交换的一年时光里，强烈地感受到了成长训练营的益处。芬兰是一个北欧国家，那里福利齐全，设施便利，夏天阳光普照，湖光山色，绿树繁荫。可是冬天的芬兰几乎是黑白的，夜幕漫长，皑皑白雪。所以在这个国家，抑郁症的发病率是很高的。也就是在那里，我彻底体会到思想食粮和精神修养的珍贵。当我面对来自不同国家的不同个体时，当我遇到全然不一样的生活方式时，当我看见与我过去二十年不同的文化时，我需要一定的意志力去克服迷茫。令人庆幸的是，我与芬兰几乎无缝对接，这不得不归功于成长训练营。在成长训练营中，我学会了觉察，学会了认识自己、分析自己，让自己在各种情况下都能照顾好自己，从身体上，也从精神上。尤其是当我看到众多交换生整天饮酒作乐、消磨时光、毫无人生目标、无法给自己正确定位时，我就会意识到成长训练营的理念是多么可贵。

我们需要承认，每个人在这个社会中都是独特的个体。我们过去可能习惯了"求同”，总是愿意去追逐同一个“正确答案”，而在成长训练营中，我们通过觉察，发现了自己的天赋，做回了真正的自己。

科学可以解释外部世界，却解释不了我们的内心世界。成长训练营让我发现了自己，认识了自己，用那些有益的理论充实了我的内心世界，让我在成长的道路上不再迷茫，知道如何去寻找自己的方向。四年下来，我对自己的认识越来越深刻，我可以留意关心自己的小情绪，知道怎样照顾好自己。我分析自己的性格，揣摩自己的一些思维是如何产生的，我仿佛从第三视角看到了自己的成长——由一个青涩的高中毕业生变成了一个准备好走入社会的大学生。我看到了自己的成熟，由特定性格习惯组成的自己挣脱束缚，变得细心、平和且充满强大的动力。

而在我身边的其他教练，凡是一路跟随下来未放弃的，也都获得了成长。有的像蝴蝶一样绽放，有的像猫儿一样洒脱，每个人都是不同的，但每个人又是相同的，我们都在微笑。

成长训练营中的一切，让我能够抛开功名利禄和他人眼中的“正确答案”，发现自己，认识自己，释放天性，不断“进化”，成为独特的、真实的自己，在漫漫人生路上，不徘徊，不迷茫，能够寻找目标，坚定地走下去。

记我在成长训练营中的成长

赫倩倩

曾记得有人说过，成长是一件很空的事，我们没有办法去衡量这种变化。可能是说得太多，所以不知道从什么时候开始，谈论成长变成灌鸡汤了。

我只知道，我确实在不断地成长。我不会排斥这个话题，不吝啬跟别人讨论这个话题。这种无声的变化也只有自己能够深刻地体会到。用变化来衡量成长才会有说服力，且容易将一些不好表达的东西表现得更加立体，所以我想分享一些自己的变化。

清晰地记得我加入成长训练营的原因。刚入大学时，陌生的环境，陌生的人，甚至自己作为大学生这种陌生的身份，让我迫切地想要找到一个有归属感的地方。之所以选择成长训练营，就是因为"成长"的字眼刺中了我。我想，我该长大了。那时候，我对成长的概念还很模糊，仅仅停留在不幼稚、变得成熟之类的词语上。当然，现在的我对于成长的理解也没有多么深刻，自己也没有变得多么成熟，但是我可以毫不夸张地说，成长训练营是我"意识觉醒"的地方。我很感谢能够遇到一位优秀善良的教练和一群体贴善良的队友。我认为成长训练营最有魅力的一点就是，我能够从这里得到我想要的东西，并且，不仅仅是别人给予的，更多的是自己获得的。你付出过什么，就能收获什么。

变化一：自我。

我渐渐地开始看重自己，学会观察自己，了解自己，支持自己，鼓励自己，告诫自己，反思自己，关心自己。一切决定都是从自己出发，做事的时候不会把别人对我的评价作为评价是非的标准，不会因为怕别人不喜欢自己而改变选择。之前我畏畏缩缩，现在我坦率自信。从前的我总是想要做别人想让我做的事，以为这样他们就会喜欢我，但是实际上，喜欢你的人就算你不为他做任何事他也依然会喜欢你，讨厌你的人无论你做什么事他都会讨厌你。我的朋友说过这样一句话："我又不是人民币，不能要求人人都喜欢我。况且，就算我是人民币，还有那不食人间烟火的人不喜欢我。"对啊，成为像别人一样的人是最辛苦的，因为你不是别人，你是你，独一无二的你。做自己，才是最轻松和最简单的。

爱自己与爱别人并不是一件矛盾的事。爱自己是一个前提，它可以与爱别人同时存在。但当你的心中没有爱的时候，你就没办法向别人传递爱，所以就会一味地索取。一个被爱包围着的人会自然而然地向周围传递着同样的爱，让爱在接受与给予中流动，让自己永远保持着爱自己和爱别人的能力。

变化二：尝试。

从前的我总是用很多借口去回避很多改变，不敢争取任何机会，但是现在的我会试着做不一样的尝试。王老师曾经说过，你可以勇敢地去做任何尝试，适合自己，就继续，不适合自己，就再换一种方式尝试。尝试会有成本，但是自己尝试之后做出的选择是收益最大化的。在自己的体验当中寻找自己的路，要远比别人告诉你走哪条路更容易到达你想去的地方，这也是体验式学习的魅力所在。真正走在这条路上之后我才知道自己是否喜欢，而不是这山望见那山高，凡事浅尝辄止，听不同的声音，在自己的纠结当中踌躇不前。害怕还是有的，但是我会问自己在害怕什么，然后找到害怕的原因，并找到解决办法。走出安全地带和舒适区都不轻松，但是经历过痛苦之后看到柳暗花明又一村时的成就感与兴奋也是不可比拟的。

变化三：接纳。

接纳包括接纳自己和接纳别人。之前的我对自己就比较接纳，所以现在就聊一聊接纳别人吧。都说自己身边的朋友是自己选择的，所以朋友们大多跟我们有着共同的兴趣、爱好、习惯或者三观。之前的我比较喜欢评价别人，总觉得自己做的是对的，或者自己的选择是好的。其实每个人的经历不一样，成长轨迹就不一样，所以三观、行为方式、选择也就不一样，但是这并不意味着自己就是对的，别人就是错的。在成长训练营中，我的观念发生了真真切切的转变。因为很多时候，在一个团队中并不是每个人都能让你接受或者喜欢。随着彼此的了解和认识的加深，你就会知道凡事有果必有因，知道原因之后反而会觉得别人的选择是最合适的。有了这些经历之后，我会试着接纳每一个跟我不一样的人。当我们的想法或者观点冲突的时候，我更愿意探索为什么，而不是一味地反击。不一样才会更加精彩，不是吗？

……

变化还有很多很多，在这里坚守了将近三年的我仍然会在。

接受之前的自己，喜欢现在的自己，期待以后的自己。

个人成长感悟

胡皓瑜

在成长训练营里已经待了一年半了。从一开始的队员，到通过面试进入教练组，先跟了一学期的队，然后带了一学期的队，我在这个过程中真是收获满满，尤其是在带队的这个学期，我的成长特别明显。在每周的例会上我都有机会与指导老师和同学交流带队的情况，与大家沟通自己的想法，收获大家的反馈与鼓励，然后继续在知行中去探索和成长。

我是学心理咨询的，除了在成长训练营学到的技能和经验外，我在专业上的相关学习和探索也一起帮助我成长，它们对我的助力相得益彰地交汇在了一起，共同促进了我的成长。我没有办法计算出那些我认为帮助过我成长的经历各贡献了多少百分比，因为它们真的是交融在一起的，它们反复地从不同侧面去提醒我正处于什么样的状态，我又可以做些什么让我成为更好的自己。

我觉得自己变得更懂自己，也更能接纳自己了，我也懂得以合适的方式来"爱自己"和"信自己"了，同时我对自己的情绪、行为有更多的觉察和掌控了。虽然还是有很多需要继续改善的地方，但我的生活和我的生活体验确确实实变得更"好"了。成长的路没有止境，未来道路上可能还会不断出现新的问题，我们只要慢慢去应对就好了。

有人曾跟我说很烦那些说要自我接纳的人，因为他们就是把它作为了不去奋斗、放任自流的借口。这种行为当然不是真的自我接纳，不过我确实曾做过类似的事情，但后来我从那个状态中跳出来了。跳出来之后我也明白了，其实当时我并没有真正接纳那样的自己，我甚至都没有去面对自己，我所做的其实是在逃避。当自己没有付出努力，没有获得成长时，所谓的"接纳"不过是自欺欺人，时间久了，自己会很痛苦的。以前我总觉得自己什么都做不好，怎样做都没有人喜欢，然后陷入焦虑，并试图逃避，这种不接纳其实变成了困住我的枷锁，我似乎陷入了进退两难的死循环里，而解开这个循环的节点是我慢慢地体会和了解到什么才是真正的"自我接纳"。在这个方面，成长训练营给了我莫大的支持。这种支持不是从口头上或形式上的教导，而是渗透式的教化，从成长训练营的带队理念，到每周例会上指导老师对我们的疏导，处处都蕴含着对每个个体的接纳。我体验到了那种"接纳"带给自己的力量，也更全面且深入地了解了自己的困惑。直面和了解已经是成长的开始。

自我接纳的过程，也是我慢慢把关注点放回自己身上的过程。我们的心情总是容易受到外界的影响，我们总是在意别人喜不喜欢自己，认不认同自己。其实我们控制不了别人怎样对待自己，但是我们可以控制自己的所思所行，太在意别人对我们的态度，反而是"舍本逐末"。当我把关注点放在怎样可以让自己更好上以后，我的状态就好起来了，遇到不如意的事情时，也能更好地调节了，别人对我的反馈也更好了。

同时，在成长训练营里，我也慢慢学会了信任自己。王老师曾鼓励我："无论在带队时，还是在生活中，都要去尝试，然后仔细观察尝试之后的结果和他人的反馈，并做出调整。"我以前确实总是觉得自己有各种缺点，做什么都做不好，做事时总是小心翼翼、畏首畏尾、犹豫不决。王老师曾告诉我，他发现我在做一件事情之前会过于深思熟虑，其实那个时候就可以去做了，不要太纠结。我从王老师的话语中受益良多。一方面，我的纠结不已的状态其实蕴含着积极的一面，即我会在做一件事情之前尽量考虑周全。当这个"优点"被人发现并传达给自己时，无形中给了我更多行动的力量。另一方面，我总是追求"完美"，受不了接收到负面的反馈，而我对自己的肯定增加了我的力量，使负面反馈对我的困扰没有那么大了。

就这样，我渐渐地去信任自己，然后慢慢去探索适合我的那个平衡点。通过反思，我更加懂得什么是"自我接纳"，并继续践行和调整。在我看来，接纳不等于全然认同，而是承认自己当下的样子。接纳在于不黏滞，不执着，既看到好的部分，也看到坏的部分。好的部分继续保持，不好的部分下决心改正。承认好的部分于我而言，可以增强自信。总之，我既不因其好而沾沾自喜、得意忘形，也不因其坏而自责悔恨、低落消沉。这样，在目标和志向的引领下，行动力自然会增强，生活也会走上一个良性循环。

生活不总是圆满的，有时候我还是会焦虑，会自我否定，但是这样的时候确实少了很多，我的行动力也真的提升了不少，焦虑的频率和强度明显下降，从糟糕的状态中走出来所花的时间也减少了。这一点无论在我带队过程中，还是在我的生活中都有明显的体现。

在写这篇感悟的时候，我也能感受到"自我接纳"带给我的成长。以前我总是想法很多，又有各种顾虑，脑子总是会很乱很发散，心很难定住，而现在，我能够接纳自己在"发散思维"方面的"优势"了，这意味着我极少把时间浪费在埋怨自己脑子太乱上面了。我的想法依旧很多，有时候还会很乱，但是我开始尽量利用这方面的优势，如把我的想法记下来。以前我断断续续地做过这件事，但最多都没有超过2个月，而从去年10月开始到今天，我已经坚持了将近4个月。另外，我的觉察力提升了。我还在不断地锻炼自己的觉察力，特别是当我要写一篇主题明确、框架完整的文章时，太发散的思维和一些完美主义的倾向很容易让我跑题，钻牛角尖，现在我会告诫和提醒自己要注意控制和取舍。尽管做得还不够好，但是我一直在努力中。

此外，我的计划性、条理性以及对时间的把控能力也比以前增强了，心态也更平和了，我也变得更容易接纳他人了，总之，我在许多方面都有切切实实的进步。

成长训练营并没有直接告诉我具体要怎样做，但是它的核心理念却一直浸润着我，滋养着我，启发着我，让我去发掘自身的资源，让我信任自己，鼓励我勇敢地去尝试，去探索，去尽情地体验生活，并且成为我自己！很感恩在这里经历的一切和所有遇见的人们，愿大家一直能在成长的路上坚定前行！

个人成长感悟

吕振伟

我在成长训练营待了一年了，很庆幸能够有缘与这样一个团体相遇。这一年来我逐渐对成长有了新的理解。特别是担任跟队教练期间，大家在进行着各种有趣的活动，而我能够作为一个场外人在旁边静静地观看，或者说是欣赏，欣赏团体中每一个人的表演。

成长训练营的活动气氛是温馨和融洽的，我喜欢这种感觉：静静地坐在旁边，听着活动的背景音乐，细致地观察每个人的一颦一笑，这种专注的状态使我感到自己仿佛既置身在活动之中，又在活动之外。我就这样静静地坐着，专注地坐着，听他们聊天、讲故事。渐渐地，我听到了自己的呼吸声，觉察到了自己怦怦的心跳，这心跳像走动的秒针一样节奏鲜明；我觉察到自己的腰没有挺直，于是挺直了腰；突然发现自己的双脚摆放得不是那么美观，于是挪了挪脚。"嗯，就这样了，既舒适又美观。"我对自己说。我又认真审视了自己的穿搭是否得体，从衣服的款式到颜色。"哦，发型是不是乱了？"于是用手整理了一下，最后摆放好手臂和手，我要使自己整体显得大方、优雅。

活动还在进行中，我随意看了看大家的服饰穿搭和坐姿，然后开始专注于大家讨论的内容，通过某句话或者某个词，某种说话的语气或者某个眼神，抑或是某个轻微的动作，我联想到了自己，想到了以前的某件事。我开始平静地和自己交流，重新审视这件事，分析这件事。此刻，我对这件事的看法发生了些许改变。我想，这些许的改变就是成长，在对这件事的看法上的成长。

我喜欢坐在一旁观看队员们活动，那种感觉温馨、轻松、舒适。每当这个时候，我就开始觉察自己每一缕思绪的变化，感受自己每一丝情感的波动，像关注孩子一样，来关注自己的内心。我觉得，和自己相处的这个过程，就是在成长。

成长训练营带给我的感悟

张一雄

进入大学以来，我感受最深的一个词就是"成长"，个子是怎么也长不高了，可心理却在慢慢变得成熟——和生活习惯、性格、脾气各不相同的室友和睦相处，适应新的学习节奏，平衡学习和生活，规划自己的未来人生。我觉得四年来自己无时无刻不在经历着成长，自觉已经到了可以自信地融入社会，能够独立自信地面对未来的程度。但是在毕业前夕，面对未来，我仍然感到前所未有的不安：我担心自己的心态不够平和，不能胜任研究生阶段繁重的学业压力；我担心自己知识储备不够，完不成论文，毕不了业；我担心自己是个"书呆子"，就业困难。我"突然"发现，成长的路还要走很久。

2016年秋天，带着一些期待和忐忑，我成了成长训练营第32期的一名队员。抱着"多认识些不同的人也不错"的想法进入训练营的我并不期待和他人有深入交流，然而在成长训练营中我却收获了惊喜。在并不擅长的素质拓展游戏中，我体会到信任与被信任的愉悦；在一次次分享零食、分担忧愁的聊天大会上，我们讲出自己的烦恼，如不和谐的寝室关系、和父母的矛盾、对未来的忧虑等；我们也分享每周有趣的经历，时不时用一个笑话逗乐所有人。我享受着"深度交流"带来的快乐，从伙伴们身上看到了各异的生活方式，也重新认识了自己——原来自己在他人眼中也是一个平和、大气，像成熟的师姐一样给师弟师妹们提供小建议的人，只是在忙碌的生活中我忘记了关注自己的心灵需要。于是每个周五的夜晚，成了我那段时间最美好的回忆。

对于我来说，成长训练营是一个暂时逃避外界烦恼的"乌托邦"，在这里没有人在意你的学业成绩如何，外貌如何，你也甚少会暴露自己太多的缺点，反而是在给他人出主意的时候尽显自己的贴心与温情，大家会竭尽所能帮你排忧解难，会理解你，迁就你。

也许是担心成长训练营带给我的温暖记忆会随着时间的流逝被冲淡，也许是想认识更多像"时光机"的队员们那样可亲可爱的人，也许是想亲身加入这个给人制造了温暖的教练集体中，在成长训练营六周的活动结束后，我报名参加了成长训练营教练的选拔，并最终成为教练组的一员。加入这个团队后我才明白，在成长训练营中，真正获得成长的，是教练自身，如在带领队员进行团体辅导时，如何既置身其中，又超然于外地观察队员的个性，有意识地加以引导；在设计活动内容时，如何让队员既感兴趣又不停留于游戏表面，而是从中观察自己的内心。从一名普通队员，成长为一名成熟的带队教练，这才是成长训练营中的人们完整的"成长"过程。这个过程也许艰难，但却能帮助我们多一双认识自我和外界的透亮眼睛。

我愿意在这样一个温暖的集体中，继续体会成长的酸甜苦辣。

成长感悟

陈芯瑜

在参加了六个星期的成长训练营活动后，我感受到了来自他人的善意，也学会了从不同角度去看待学习和生活中的烦恼，并慢慢地从极度低落的情绪怪圈中走了出来。

事实上，报名参加成长训练营对我来说是一个意外，但它却给我带来了出乎意料的收获。一开始我只是希望把自己的时间填满，因为当时的我比较迷茫，怀疑生活的意义，找不到未来的方向，也不知道自己应该做什么。我没有想到自己能从成长训练营中收获如此之多。

我发现自己在参加活动时能够暂时摆脱那种困扰，我打开自己的心扉，我为他人着想，我更多地去关注他人，更客观地思考问题。后来每一次在成长训练营的相聚对我来说都是一周里最期待的事情。大家相聚在温暖的团体辅导室里，彼此诉说和分享，对他人给予鼓励和赞扬。我们有时候玩游戏，有时候围坐一圈吃零食讨论。我们从相识到相伴，从宿舍成员之间的沟通聊到与家人的情感交流。大家的讨论触发了我们更多的思考，使我们能够从他人的话语中获得看待事情的全新视角。我十分感谢成长训练营中的每一个人，他们都是独一无二的，他们带给我太多的正能量。

也许我不能完全从迷茫状态中走出来，但我拥有了积极的心态，学会了去关注更多的美好。希望大家的所求都能够得到回应，所有的付出都能够不被辜负。

四、教练的专业成长

（一）什么是教练的专业成长

教练的职责是为队员创造一个情境，让队员沉浸其中去体验，然后引领队员分享他们的体验、感悟或收获。因此，教练不仅要熟悉六次带队中要用到的一些主题活动，掌握它们的流程、布置方法、所需物资等，还要做到恰当地引导、反馈、分享和陪伴。为了完成这些工作，教练需要完成自我认识、自我发展、自我改变，这被称为教练的专业成长。

教练是团队的引领者、经验的创建者、讨论的引发者。成长训练营的教练们经过十多年的探索，把经验收集、总结、整理成了一本相对完善的带队手册，虽然它可以指导教练如何完成带队工作，然而在真正活动时，教练需要时刻觉察团队动向，布置项目时可以选择最适合团队当时状态的活动，也可以依照团队成员的兴趣、需要选择适合的主题进行交流和分享。

要做到及时、准确地反馈，教练需要具有较好的觉察能力，觉察团队状态，预估团队走向，还要留意每个队员的表现和感受（他们展现了怎样的性格与特质？他们在团队中是什么样的角色？他们感到安全吗？等等）。教练需要留意和觉察这些情况，并尽量及时、准确地给予反馈，并对团队活动做出适当调整。

更重要的是，如果这些反馈是真诚和客观的，队员就能获得对自身更多、更深入的了解。这些反馈也会激发他们对自我觉察的意识和兴趣，且对他们今后的发展也是有重要意义的。

要做到真诚、有助益地分享，教练需要较强的自我觉察能力。教练与队员们都是同龄人，他们在生活、学习、工作、人际交往上遇到的一些问题往往是相似的。教练需要在平时觉察自己，如"我在待人接物时遇到了怎样的困难，有怎样的感悟，又是怎样调整自身状态与应对的，获得了哪些经验，这些经验对自己现在的状态起着什么样的作用"等。清楚地知道这些，对于教练自身的发展是非常重要的。在引导分享时，教练自己的这些觉察与感悟都可以作为很好的素材。这些真实的、明晰的、主动的分享，可以对队员起到鼓励和示范作用，为团队营造更安全、更坦诚的氛围。

教练应该是一位耐心、细致的陪伴者，无论何时都要以团队和队员为重，陪伴队员发现自己，发展自己，做真实的自己，成为更好的自己。最终教练就会发现，在此过程中自己也和队员们一起成长着。

教练的成长过程其实就是一个年轻人不断发展的过程。这种成长是在成长训练营例会上的讨论、问答、引领中，在带队时的探索、尝试、交流中完成的。这种成长可以被分为与个人相关的个人成长和与带队相关的专业成长。但其实，这两者又是相互交融、密不可分的。

总的来说，个人成长是教练协助他人成长的基础，专业成长是教练协助他人成长的手段。

（二）教练的专业成长感悟

下面的文字摘自教练们的带队总结，这些文字记录了教练们在带队过程中的一些专业成长感悟。我们把更多、更详细的专业成长感悟附在第四章《成长训练营带队手册》中的每一次活动的背后和第五章《每周例会精华录》中。

1. 教练怎样引导分享

每当队员们完成一个活动时，教练都需要引导他们进行分享。这个时候，队员们往往十分激动，气氛很活跃，有很多很多话想要交流。由于一个活动可能会涉及很多话题，而且队员们的感受也各不相同，所以他们所分享的话题很有可能与教练预期的主题有偏差。这个时候，教练不要急着打断队员，而是应先观察，并用心感受，用心倾听。

例如，有一个教练曾跟我说："我想让大家分享的主题是信任，但是有一个队员一直在分享和他人关系方面的话题，并且由此引出了一系列话题，这些话题都和信任无关。当时我越听越紧张，完全忘记了我身边的队员。一段时间后，我终于忍不住打断了那名队员，抛出了一个关于信任的话题。队员们沉默了一会儿，似乎并没有什么想要分享的，接着还是刚才的队员打破了僵局，继续谈起了她刚才的话题，尴尬的气氛得以化解。"

有时候教练过于关注活动的目标，反而忽略了队员们的感受。其实在那一次分享中，队员们都十分投入，他们非常喜欢这个话题，也能从中收获一些东西。那一刻，他们的心是真正在一起的，他们能够从彼此那里获得启迪。他们那个时候是彼此信任的，尤其是主动分享的那个队员。能够将自己的人生哲理分享出来，这本身就是一种信任。只有当队员感到团队是安全的，觉得这是一群值得自己信任的朋友的时候，才会愿意像她那样坦诚相对。但是，这个时候队员们都没有意识到发生了什么，只顾沉浸在分享中了。这个时候就是教练引导回顾的好时机。教练可以顺势抓住这个素材，将大家都没有意识到的正发生在眼前的信任点出来，协助队员们看到信任产生的历程。这时候，队员们一定会很惊讶，很好奇，同时还会很开心，很有归属感，开心之余，他们还有可能会产生一些新的感悟。

教练在引导分享的时候不能一门心思地想着自己的那个目标，死死地抓住不放，因为队员们能够在一起度过一段愉快的时光才是最重要的。在这个基础上，能够达到原定的目标当然很好；如果能收获其他方面的学习，那也是令人惊喜的；即使没有学到什么也没关系，至少大家拥有了一段美好的回忆。在引导大家分享的过程中，良好的关系是最重要的。在良好关系已经建立的基础上队员们才能够分享，一旦关系被打破，那么分享一定不能进行下去。教练一定要记住：最重要的是这一群队员，而不是我们的目标。只要他们开心，他们有所收获，就算和我们预期的不同，也是很不错的。我们的目标不是那些死板的一条一款，而是队员的成长。为了更好地成长，我们会设定目标，会有一个计划，但是成长的路上往往会有意想不到的事情发生，不要畏惧它们，也不要拒绝它们。带着感恩和好奇去对待它们，也许它们会给我们的成长增添一分色彩，会带给我们惊喜。在成长的路上我们会遇到很多意外，我们要做好准备，接纳意外，欣赏意外，感谢意外。

2. 教练如何让队员更开放

每个团队中队员的性格都是多样的，有的队员比较安静，喜欢思考，有的队员比较活泼，很爱说话，看起来比较容易亲近，但整体上，由于团队刚开始时建立的联结不是很深，队员们对这里不会特别信任，因此比较容易拘谨，放不开。这时候教练就需要经常鼓励队员。如果队员在分享中偏离主题了，教练也不要急于打断，而是去倾听他的声音，去感受他发生了什么，同时关注团队的情况。如果大家都谈到某个与主题无关的话题时，教练可以适当调整原有的主题，将队员好奇或者体验最深的部分放在第一位。随着活动的开展，队员们会有更多身心上的互动。想要使队员更加开放，我们需要用一两个核心力量去推动。比如，在分享时，教练可以首先分享自己的感悟或者请愿意分享的队员先分享，这样其他队员就会慢慢放下心里的不安全感。当彼此之间建立起足够的信任感时，队员也就变得开放了。

当然某些队员可能一直都不太开放，这时教练也不要着急，应首先弄清楚队员的状态，是太害羞、感到不安全还是其他原因，然后耐心等待，或许这个队员正在试图鼓起勇气。鼓起勇气也是需要过程的，所以请教练们耐心等待这个勇气的积蓄吧！片刻即永恒，正是一步一步的脚印才到达了远方。更重要的是，如果最后队员也无法变得开放起来，教练也要接纳他们，肯定他们所做出的努力。

3. 教练如何克服自己的偏见

第一印象很重要。教练在与队员们初次见面时可能会对某些队员有不好的印象，也可能会对他们有一些偏见。这些偏见会严重地影响教练的判断以及教练与队员之间的关系，进而影响整个团队的动力。因此，教练要主动一些，试着去了解每一个队员，拉近与他们的距离，了解之后可能会发现，那些偏见其实是自己的误解。教练要接纳每一个队员，包容他们的缺点。每一个生命都是丰富的，每一个生命都是需要关爱的，每个人都有自己的生活智慧。用心去感受一个生命，会让我们对这个生命多一些尊重和理解。当遇到难以接纳的人时，教练可以通过深入而坦诚的交流改变自己的看法。教练可以做的是引导队员把内心深处的美好展现出来，不能因为只窥见其中的一面就给对方"下定义"。

4. 教练如何缓解队员间的冲突

产生冲突的深层原因可能是不同以及不了解。队员之间一开始可能不是特别了解，不知道对方的底线，很容易触碰对方的雷区，从而产生冲突。这时候教练需要找出冲突产生的根本原因，教导队员不要用对立的视角去看待人与人之间的不同，而是要接纳这些不同。

缓解了队员间的冲突后，队员之间的了解会加深，从而可以建立更深的联结。

5. 教练如何接纳队员

"君子和而不同。"教练也许会看不惯某个队员为人处世的方式，但是仍然需要接纳他，认同其中的价值，与之和睦相处。对队员的接纳是祝福他、肯定他的一种方式。如果我们对他人心存排斥，那么还有多少力量用到成长上呢。因此，教练要学会接纳，有效使用能量。

6. 教练如何应对带队时的焦虑情绪

不管多么有经验的教练，在带队之前还是可能会产生焦虑情绪，会担心自己做得不够好。

教练在带队过程中要学会欣赏和展现自己，即使遇到麻烦，也不用把它当作绊脚石，而是把它当作促进自己成长和进步的资源。

教练还要觉察自己焦虑情绪背后的期待，了解这个期待之后，关爱一下这样期待着的自己，和那个自己聊聊天，安慰一下那个自己。然后，试着把自己当作团队的一部分以及影响团队的一个因子，然后投入这个团队的洪流中，忘我地去完成带队任务，只顾耕耘，不问收获。

第四章
成长训练营带队手册

我的目标（Goals for me）

我想爱你而不用抓住你

I want to love you without clutching

欣赏你而不会评判你

appreciate you without judging

和你齐参与而不会伤害你

join you without invading

邀请你而不必强求你

invite you without demanding

离开你亦无须言歉疚

leave you without guilt

批评你但并非责备你

criticize you without blaming

并且帮助你而没有半点看低你

and help you without insulting

如果我也从你那里得到这些

If I can have the same from you

那么我们俩就能真正相遇并且能彼此润泽

then we can truly met and enrich each other

——弗吉尼娅·萨提亚（Virginia Satir）

　　带队手册是成长训练营的带队秘籍，汇集了几十位教练十余年的带队经验，是教练们带队的法宝，被列为成长训练营的核心机密。

　　怎样进行队员招募？带队前教练需要做好哪些准备工作？怎样带领团体活动？活动结束后如何引发讨论？在整个过程中，需要注意哪些事情？有哪些经验可以借鉴？本章将聚焦于这些问题。

导言

　　如何使用带队手册？

　　带队手册主要包括队员的招募、带队前的准备工作、带队流程三个部分。第二部分"带队前的准备工作"帮助教练在整期带队前做好准备。第三部分"带队流程"是本章的主体内容，详细地介绍了教练如何带队，具体到每一次活动中的每一个环节，用六次活动串起所有内容。每一次活动有相同的组织架构，主要包括本次活动的总目标、教练定位、带队心法、带队节奏、活动流程和教练带队感悟六个部分。

　　注意：虽然带队流程是带队手册的主体部分，但是我们也不能忽略带队准备工作和经验总结的重要性。在每一次带队时教练都需要进行充分的准备，也都会遇到一些常见的问题，只有做好准备，熟悉流程，掌握解决常见问题的技巧，才有可能更好地带队。

　　为了大家更好地学习和体验这些活动，我们请成长训练营的教练把相关活动拍成了视频，大家可以扫码观看。

　　一般情况下，一或两名教练带领一个团体，完整地带完六次活动。为了让大家对不同教练的风格有所了解，我们在视频中特意安排六名教练两两组合来带队。

　　还要特别说明的是，文字版带队手册的带队流程是最完整的，但是教练在实际带队时，为了保证主要项目顺利进行，会临时对带队流程进行一些增减，所以文字版带队手册中的部分项目没有相对应的视频，请读者见谅。

　　另外，文字版带队手册中配有二维码的项目就是配有视频的，没有二维码的这部分项目是不配备视频的。

一、队员的招募

（一）宣传和招募

我们主要通过自愿报名的方式招募队员，因此在前期需要做好宣传工作，将活动的大致内容、形式和活动效果等呈现出来，吸引学生前来报名。我们通过在网上发布招募信息、海报呈现、发放传单等方式提前宣传该活动，并在学校摆外场进行现场预报名。预报名结束后，召集所有预报名及对成长训练营感兴趣的学生参加现场宣讲会。

图4-1　宣讲会前小教练们一起摆摊宣传

为了开宣讲会，我们需要提前申请一间公共教室，选择一到两名教练作为宣讲会的主讲人。除了主讲人之外，还需要分配人员负责宣讲会的引领、接待、设备调试及摄影录像工作，为宣讲会提供必要的物质基础和硬件准备。宣讲会主讲人宜事先准备好PPT和宣讲稿，并预演，对宣讲内容做到胸有成竹。

宣讲会开始前，所有工作人员要提前到达宣讲教室，并在教室外的显眼位置张贴海报作为引导。宣讲会需要有开场白，有热身活动（如天气预报），以活跃气氛，让

图4-2　宣讲会现场（带队教练回答参会学生的问题）

参会者放松。宣讲会的主要内容是向参会学生介绍成长训练营，如成长训练营的历史和定位，成长训练营中的活动以及活动形式和理念，并设置活动预体验小环节（如田中人生），让参会学生提前感受正式活动中的良好氛围，初步感受"先行后知"的活动方式。宣讲会中还会涵盖分享环节。我们会邀请往期队员和教练到现场进行分享，展现成长训练营的活动效果，增强感染力。我们还会设置问答环节，解答参会学生的疑问，最后组织现场报名。

　　注意：宣讲会结束后，主讲人要发放调查问卷，并请参会学生当场填写，然后回收，最后根据参会学生的反馈做好反思工作。

（二）协调和确认

　　由于每个团队的队员人数以9～15人为最佳，所以我们需要根据报名的人数和他们的空闲时间协调好每个团队的最终成员，确定后还要向每一位报名者确认他是否可以在相应的时间全程参加活动。对于所有被录取的成员以及因名额有限导致的"落选者"，我们都会向其通知确认。所有确认工作完成后，招募工作才算结束。成长训练营的教练们在会后自行进行宣讲会总结。

二、带队前的准备工作

（一）关于自己

第一，教练首先要学会照顾好自己，让自己处于一个比较好的身心状态，然后再以真诚、接纳、开放、谦虚、友好、关爱的态度面对队员，并在活动过程中确保队员的安全。

第二，遵从保密原则，对队员、其他教练以及活动辅助人员的信息保密，不将活动中所涉及的各种属于隐私的他人信息向外散播。

第三，教练在带队过程中要保持良好形象，不赤膊，不光脚，不穿拖鞋，不穿奇装异服。活动期间，女教练最好不穿裙子和高跟鞋，而穿运动鞋和较宽松的衣服。

第四，教练在活动开始前不要食用葱、蒜等有刺激性味道的食物，尤其不要酒后带队，更不要在队员面前吸烟和饮酒。

第五，教练在每次带队前照顾好自己，吃好、睡好，并在带队时带上自己喝的水。

第六，如无特殊情况，教练必须参加每周的督导会。

（二）关于带队

第一，教练必须在正式活动前半小时到达培训室，清扫培训室，并准备好活动所需材料。

第二，教练在每次活动后都要检查活动器材数目，并将活动器材放回原处。

第三，保持活动室内的卫生，每次活动结束后教练要组织队员对培训室进行清扫。

第四，培训室内禁止吸烟和饮酒。

第五，教练不得无故迟到。

（三）心理准备

1. 做自己最好的朋友

教练是团队成长的催化师，教练的良好状态能够促进队员的进步和成长，教练的状态不好也会影响整个团队的状态。因此，每个教练在带队之前都需要尽量调整好自己的状态，让自己充满力量、充满成长的动力。只有教练自己的生命在跳跃，才能带给队员正能量。

而调整教练状态最好的方法，莫过于带队前给自己一些时间独处，觉察和倾听自己，感受自己，并提醒自己关注带队过程，忽略带队结果。无论发生什么，自己都要接纳和面对；无论发生什么，自己都要冷静、坚强；无论发生什么，自己都可以寻求团队的支持。带着这种信念，去开启自己的带队之旅。

2. 敞开心扉

成长训练营希望构建开放、包容和安全的团体氛围，从而促进整个团队的成长。因此，教练需要首先打开心扉，包容和接纳每一位队员，积极主动地分享自己的故事，甚至小秘密。教练的包容和开放往往最能感染和鼓励队员，促使他们积极分享，也有利于队员和团队建立更深的联结。教练只要去创造一个环境，让队员觉得自己是被接纳、被认可、被支持的，他们便可以自由地成长。

图4-3 无声的鼓励，无言的加油

3. 觉察并接纳自己的紧张情绪

教练在带队前难免会紧张。紧张只是一种小情绪，它的出现是在提醒我们关注自己的内心状态。当我们感到紧张时，不要逃避或排斥它，利用情绪提供的线索以平和的心态觉察自己内心发生的变化，看着自己真实的状态，照顾好小情绪背后需要照顾的心灵世界。我们要看到情绪，而不是被情绪所控制，这样不良情绪自然会烟消云散。

（四）需要准备的文档

1. 资料采集知情同意书及保密协议

为了更好地了解成长训练营的训练情况，我们会要求带队教练记录自己所带团队的整体情况，并据此对教练进行专业上的监督和提出改进意见。我们会对团体训练过程进行录像和拍照，并将其作为对教练工作情况的记录，这些资料会用于对教练的专业督导。在成长训练营活动结束后，我们还会要求队员递交一份个人总结。录像资料只被用于对教练的专业督导，只在成长训练营内部使用，不会被外传，不会对外公开，不会被用作宣传资料。其中一些可以体现成长训练营特点、展示成长训练营风貌的照片和文字，可能会被放到报纸、网站、展板、传单等宣传媒介上。这些资料涉及队员的隐私，因此带队教练有义务提前告知队员，征得队员同意，并请队员在资料采集知情同意书上签名。如果队员不同意，则教练需要进一步核对队员的具体情况。我们建议进行以下三方面的核对：

第一，你介意哪一次活动的视频被采用？

第二，视频中有你的形象，但没有你的发言，这样是否可以？

第三，视频中不出现你的形象是否可以？

另外，为了营造温馨、安全的成长环境，保证所有队员的权益，避免队员受到伤害或给队员造成困扰，教练需告知每一位队员务必对其他队员及教练的隐私保密，不对外泄露和公开！每一位队员和教练都需要在保密协议上签字。

2. 其他相关材料

为了更好地了解活动效果，以便进行反思和改进，在每一次活动结束之后，教练都要请队员填写"活动效果调查表"，在所有（六次）活动结束后，需要请队员填一份"整期活动反馈表"。此外，教练还需要准备二人组访谈提纲、给爸爸的一封信、给妈妈的一封信、我所了解的父母、带队详情统计表等表格。在后文的带队流程中我们会具体介绍它们的内容和用法。教练还需要准备录像和摄影器材、音响设备以及其他在活动中用到的材料。

三、带队流程

成长训练营的整期活动一般由六次活动组成，每次活动都聚焦于不同的主题。每次活动都围绕一个主题展开，包含数个体验式活动。每个体验式活动之后都"回顾引导"的环节，队员在教练的引导下进行回顾和分享。

针对不同的活动，教练需要采用不同的"回顾引导"形式。我们在实践中总结了一些引导时常用的问题，仅供大家参考：

1. 在刚刚的环节中，你印象最深的是哪个部分？你喜欢哪个部分？不喜欢哪个部分？

2. 在这个环节中你最大的感受是什么？

3. 对自己有什么发现？

4. 你有什么样的收获和学习？

5. 通过这个部分，你有什么新的决定？

6. 你如何把学到的东西在生活中应用？

7. 你希望从这个活动中学到什么？

注：教练在带队时应根据活动是否能够帮助达成目标来设计活动或对活动进行取

舍。活动只能被当作达成目标的资源和工具，我们提供的活动及项目顺序仅供参考，在实践中教练可灵活调整。

（一）开营

1. 总目标

第一，教练营造温馨、欢乐的氛围，让队员感到快乐和轻松，同时有所学习和收获，愿意继续参加活动。

第二，教练、队员互相了解，建立安全感，形成联结。

第三，教练建立团队，形成团队目标和团队规则，为之后团队活动的顺利开展奠定基础，使队员认可团队，对团队有归属感。

第四，教练引导队员探索自己的成长目标，启发队员进行自我觉察，使队员把自我成长的目光聚焦在发现自己、觉察自己身上，为自己的成长负起责任，同时意识到团队中的其他人是自己成长的资源，大家应相互学习，共同进步。

第五，教练引导队员熟悉活动中的分享方式，努力营造良好的分享氛围。

2. 教练定位

第一，在第一次活动中，教练要做好准备，严于律己，宽以待人，同时能够接纳自己的紧张情绪。

第二，教练既是活动的引导者，又是规则的示范者。

3. 带队心法（内心状态的准备）

第一，教练在对待队员时要真诚，并能包容队员的缺点。

第二，队员可能会不配合，对此教练要有充分的心理准备，发现问题，及时核对，共同商讨，共同解决。

4. 带队节奏（知所先后，则近道矣）

第一，有的放矢，把握每个项目的目标。

第二，热场游戏要简短、欢乐，让队员舒服、放松、开心。

第三，引导分享讨论时要注意方法，营造良好的分享氛围，多启发队员，令其关注自我成长。

5. 活动流程

开营上半场

- **活动目标**：教练、队员之间互相认识，互相了解，初步建立联结。
- **教练定位**：项目引导者。

项目一：开场白（配备视频）

时间	10分钟。
项目目标	热场。
教练定位	真实表达。
活动器材	资料采集知情同意书及保密协议、信封、签到表、笔。
项目布置	1. 请到场的队员制作属于自己的信封，上面可以有姓名、家乡、爱好等内容。 2. 向队员问好，简单进行自我介绍，并对队员表示欢迎，介绍跟队教练，说明未到场队员的情况。 3. 介绍活动概况（共有几次活动，活动时长，中间是否有休息时间），强调活动可以给大家带来的收获（大家在一起做好玩的游戏，并在轻松快乐的氛围中学习了解自己、了解他人、与他人相处以及与他人合作的方法）。 4. 说明隐私保密和信息采集等事项，请队员签好资料采集知情同意书及保密协议。 5. 讲清基本规则（守时、请假、尊重、保密）。
注意事项 （项目布置要点）	教练在与队员初次见面时可能会紧张，应学会接纳自己的紧张情绪，真实地呈现自己。
回顾引导	通常不设置回顾引导。

图4-4　摆好椅子等待队员

项目二：二人组自我介绍（配备视频）

时间	12 ~ 20分钟二人组互相采访+30分钟大组介绍+25分钟分享时间。
项目目标	1. 队员相互认识。 2. 启发队员进行自我觉察。
教练定位	引导者、参与者、示范者。
活动器材	二人组访谈提纲（教练要提前打印好）、笔。
项目布置	1. 形成两人组：找一个你不熟悉的人，和你组成一个两人组（可以加上寻找有缘人）。 2. 握手问好，相互询问姓名、专业等信息。 3. A、B两人一组，依据访谈提纲进行访谈。第一轮：A采访B，并记录获得的信息。第二轮：B采访A，并记录获得的信息。每轮6分钟，最多10分钟。 4. 由A向大家介绍B，再由B向大家介绍A。每个人介绍完后，大家一起给予鼓励。所有队员介绍完之后，访谈者把记录的访谈问卷交给被访谈者。 5. 大组分享。

续表

注意事项 （项目布置要点）	1．这是活动中的第一次分享，教练要鼓励队员大胆分享，且所有队员都要参与。 2．教练要鼓励队员分享，但不要给队员太大的压力，允许队员不分享，尊重、接纳他们的选择。 3．队员可能不习惯这种分享方式，或者不愿意分享，教练可以和队员一起讨论分享的意义和价值。 4．教练要做好示范者，如善于倾听、互相尊重等。 5．确定昵称，让队员再各自说一遍自己在活动中的昵称。 6．当队员人数为单数时，教练参与其中。 7．因访谈提纲上填有队员的个人信息，所以活动结束后提醒队员带走。
回顾引导	本项目中可以使用的问题： 1．刚才你们做了些什么？ 2．在介绍过程中哪个部分令你印象最深？ 3．在这个过程中你有哪些学习和收获？

图4-5　二人组自我介绍

项目三：叉烧包（配备视频）

时间	20分钟。
项目目标	1．热身游戏，活跃气氛，放松心情。 2．在互相问问题的过程中，增进彼此间的认识和了解。
教练定位	引导者。
活动器材	兔子舞的音乐、音箱。

续表

项目布置	项目描述： 1. 请大家在场地中央围成一圈，然后闭上眼睛，教练在外面转圈，口中喊着："我们要开始蒸'叉烧包'了，谁是'叉烧包'呢？"教练悄悄地在一个人背后轻拍一下，这个人就是"叉烧包"，然后说："好了，'叉烧包'蒸好了。"然后队员就睁开眼睛，开始寻找"叉烧包"。 2. 寻找"叉烧包"：每个队员都需要问周围的人问题，前两个问题可以随便问，你想了解什么就问什么，如"你喜欢什么电影"之类，第三个问题必须是"你是'叉烧包'吗"。是"叉烧包"的这个人在前两个人问他的时候都要说"不是"，第三个人问到他第三个问题的时候要说"是"，这时"叉烧包"就被找到了。 3. 找到"叉烧包"后，其他人迅速在他后面排成一列，排在最后的同学会有"惊喜"。 规则描述： 可以玩一轮后，让排在最后的人接受惩罚，也可以在玩几轮后，让排到最后次数最多的人接受惩罚。惩罚方式为带领大家跳兔子舞。
注意事项 （项目布置要点）	1. 教练在问题举例的时候，要举一些能使队员相互了解的问题。 2. 教练根据时间确定玩几轮。 3. 注意安全：找到"叉烧包"后，其他人会迅速在他身后排成一列，这时候场面会比较拥挤、混乱，教练要提醒队员注意安全，并注意保护好他人的安全。 4. 教练要注意提醒队员：跳兔子舞时，活动量较大，身体不适者可以不参加。 5. 教练要提前学会兔子舞。
回顾引导	通常不设置回顾引导。

图4-6 叉烧包制作中

开营下半场

- **活动目标：**

第一，引导队员树立自我成长目标。

第二，启发队员进行自我觉察。

第三，树立团队规则。

第四，形成分享规则，努力营造良好的分享氛围。

- **教练定位：**

项目引导者、规则示范者。

项目四：讨论成长目标（配备视频）

时间	40分钟。
项目目标	1. 引导队员树立自我成长目标。 2. 启发队员进行自我觉察，如引导队员思考："你想在这次成长训练营的活动中学到什么？你想对这个团队做出哪些有意义、有价值的贡献？" 3. 让队员逐渐熟悉并适应活动的分享方式。 4. 在分享过程中，教练要努力营造良好的分享氛围，如鼓励分享、互相尊重、认真听。
教练定位	引导者、示范者。
活动器材	白板、笔。
项目布置	1. 向队员介绍成长训练营的活动方式和以往队员们的活动经验。 2. 引导队员讨论对活动的期待和想要达成的目标。 3. 白板记录，票选前3~4个，形成团队目标。 4. 表达欣赏和庆祝。
注意事项 （项目布置要点）	教练可以在每次活动时都把团队目标贴出来。
回顾引导	本项目中可以使用的问题： 1. 你想在这次成长训练营的活动中学到什么？ 2. 你想对这个团队做出哪些有意义、有价值的贡献？

图4-7　我们的团队我们建

项目五：心有千千结（配备视频）

时间	20分钟。
项目目标	1．体验团队合作的乐趣。 2．增强队员之间的亲密感。
教练定位	引导者。
活动器材	无。
项目布置	项目描述： 1．大家随意围成一圈，并记住自己的左边和右边是谁，自己的左手拉的是谁的右手。 2．然后大家闭上眼睛随便乱走，待队形混乱后停下来。 3．伸手拉住自己原来临近队友的手，用自己的左手去拉原来左手边人的右手，这样在大家面前的就是一个用手拉成的"千千结"。 4．大家在保持手不松开的前提下，把结打开。 升级版： 如果队员们完成得很迅速，则可以加大游戏难度。 1．队员们随意走动，在教练喊停的时候，即停下来。教练随意把两个队员的手拉在一起，但是要注意一定是一个人的左手拉另一个人的右手，也不能出现两人的两手都拉在一起的情况。照此规则形成的结一定是可解的。解开之后或者是一个圆，或者是两个相交的圆，极少情况下会出现分离的圆。 2．加大难度之后，如果队员们解了很久也未能解开，则教练可以提示，或者允许他们松开一定数量相拉的手，再重新拉上，继续解。 规则描述： 在解结的过程中，手不可以松开。

续表

注意事项 （项目布置要点）	1. 在项目布置过程中，不要告诉队员"千千结"被打开后又是一个圆，让队员自己发现。 2. 队员打好"千千结"后，要再确认一下，自己的左手拉的是不是左手边人的右手。 3. 注意安全：在解结的过程中，教练要保护好队员的安全。
回顾引导	通常不设置回顾引导。

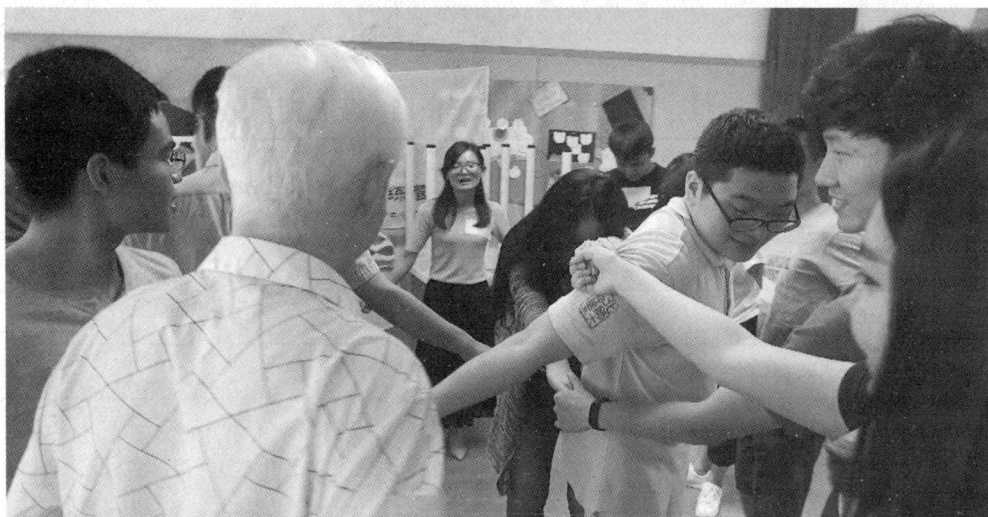

图4-8 "千千结"中终解脱

项目六：团队规则讨论（配备视频）

时间	20分钟。
项目目标	形成团队规则，树立规则意识，为以后活动的顺利进行奠定基础。
教练定位	引导者。
活动器材	白板、笔。
项目布置	1. 队员一起讨论：我们应该怎样做才能有助于目标的达成？ 2. 白板记录，票选前几个，形成团队规则。
注意事项 （项目布置要点）	教练可以在每次活动时都把团队规则贴出来。
回顾引导	通常不设置回顾引导。

项目七：守护天使（配备视频）

时间	10分钟。
项目目标	引导队员关注自己和他人，爱自己，爱他人，体会爱与被爱的幸福。
教练定位	引导者。
活动器材	写好队员名字的心形彩纸、空白的心形彩纸、鼓励卡、信封。
项目布置	1. 每个队员都将会成为守护天使，在接下来的活动中默默守护、默默关心自己的队友，大家经过抽签决定要守护的对象。抽签时，确定抽到的不是自己时再让下一名队员抽，不要让其他人知道抽签结果，在最后一期活动中揭晓答案。 2. 教练告诉队员我们每个人都是自己的守护天使，是守护自己一辈子的天使，要好好爱自己。 3. 教练告诉队员可以互相写"鼓励卡"：看见任何一名队员有让你感动、敬佩的行为时都可以写"鼓励卡"，对其进行鼓励，表达赞赏之情；看见他人状态不好时可以写"鼓励卡"，对其进行安慰，然后放入他的信封。在最后一次活动时，教练把信封发给大家。
注意事项 （项目布置要点）	教练可以在每次活动时都把团队规则贴出来。
回顾引导	通常不设置回顾引导。

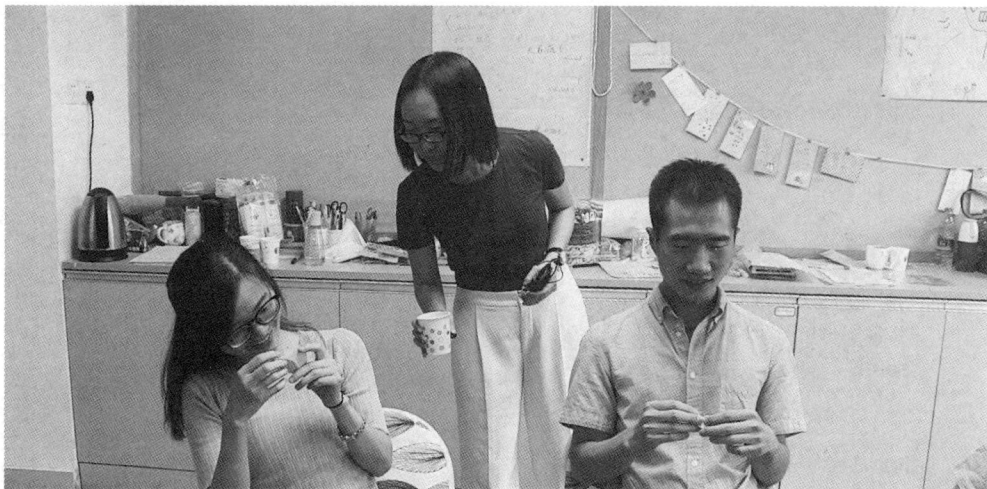

图4-9 你是谁的守护天使?

项目八：团队建设（配备视频）

时间	30分钟。
项目目标	1. 引导队员树立团队意识。 2. 在合作过程中，加深彼此间的了解和熟悉度。
教练定位	引导者。
活动器材	白纸、黑板、彩纸、彩笔、剪刀、胶水、草稿纸。
项目布置	教练告诉队员：以后大家会以团队的形式完成一些任务，所以现在需要组建一个团队。 　　1. 头脑风暴：大家集思广益，讨论组建团队需要什么，如队旗、队徽、队歌、队舞、口号、队名、队规、队长，并把关键词写到黑板上。 　　2. 大家利用工具开始设计。 　　3. 最后大家把一起设计好的东西展示给教练看，解释标志的含义，唱队歌，跳队舞。
注意事项 （项目布置要点）	合理控制时间。
回顾引导	通常不设置回顾引导。

图4-10　我们的团队诞生了

项目九：总结与分享

时间	20分钟。
项目目标	1. 总结回顾今天的收获，强化学习。 2. 使队员养成讨论的习惯，并熟悉这种思考问题的模式，便于在以后活动中展开分享。
教练定位	引导者、示范者。
活动器材	无。
项目布置	1. 讨论分享：今天活动中自己做了哪些事情？哪个部分给自己留下的印象最深刻？这个部分带给自己哪些感受？这个部分带给自己哪些收获？怎样把这些收获应用到生活和学习中？ 2. 可以由一人记录，整理后发给大家。
注意事项 （项目布置要点）	合理控制时间。
回顾引导	本项目中可以使用的问题： 1. 我们团队做了哪些事情？ 2. 哪个部分令你印象最深刻？ 3. 这个部分带给你哪些感受？ 4. 这个部分带给你哪些收获？ 5. 怎样把这些收获应用到生活和学习中？

注意：带队结束后，教练要发放"活动效果调查表"，并让队员当场填写，然后回收，根据队员的反馈做好反思工作。

6. 教练带队感悟

（1）当教练遇上队员

①从开场白到水果物语，我发现自己对一些队员的行为有些不满了，感觉他们不用心，在走神。尤其是在水果物语活动中，当看到有人随意插话、玩手机、闭目养神时，我就感到很不舒服。由于自己经常把注意力放在这些事情上，因此好多东西都没有用心去体会。在带队过程中，我们要用心体会每一个细节，真正关心自己的队员。要敢于面对问题，不要有太多顾虑，只要明确自己是在真正关心队员、关心团队，那就勇敢去做。我得到的经验是要对别人多一些理解和宽容，真诚地去关心队员，提醒队员，而不是去抱怨。

②在水果物语活动中，最后一名队员并不是很配合，大家都明显地感受到了，后面的队员也反映了这个问题，这一点我相信廖莹会有办法解决的。作为一名教练，我们能控制的只有我们自己，我们不应该从队员身上找问题，而应该多从自己身上找不足，我们要对每一名队员负责，这是他们来到成长训练营时我们给他们的承诺。如果他们都能像我们想象的那样来参加成长训练营的每一个活动，那成长训练营就没有任何意义了。成长训练营不光是队员成长的地方，更是教练成长的地方。

③当他人说话时，有些队员没有认真听，忙着跟其他队员说话，其实这是他们没有意识到而已。我意识到了，我很感激告诉我道理的人。也许他只是生活中缺了一个告诉他的人，也许他只是控制不住自己而已，需要我们去善意地提醒。

④有一名队员在活动中犯困，哈欠连天，我下意识地看了他几次。我不知道如何处理这种情况，在例会上，王老师告诉我们可以把这种情境变成成长的资源，我们可以问他：是什么让你这么困还愿意来参加这次活动？我们每个人都克服了很多困难来到这里，你来到这里想获得些什么？这给我的启发是，扭转自己的心态，不要把困难想成绊脚石，而要把它转化成宝贵的资源。

⑤在第一次带队时，一出现不和谐的情况，我的警惕性就一下子提高了，本能地想要立马让队员满意。我觉得我的这种反应是缺乏智慧的，我的计划、我的思路完全被队员打乱了，我失去了教练的自主性。我把带队的目标完全抛到了脑后，所有目标都变成了让队员满意。但是，完全让队员满意是不可能的。我更加清楚地意识到，教练在带队过程中既要密切关注队员的状态，适时调整，又要注意不要被队员的情绪带走，偏离了自己的方向。教练要坚持自己的目标，努力做好自己想要达到的部分，这样就可以了。

⑥纸上得来终觉浅，绝知此事要躬行。虽然我参加了一次成长训练营，又跟了两次队，但是对整个带队流程并不是很熟悉，这导致某些活动安排有些脱节，从而引起了队员们的一些不满。我发现，队员们绝不是为了配合教练带好队才来参与活动的，

他们也有自己的想法，他们需要很好的引导、细心的沟通与调节。如果教练没有做好，队员们的情绪并不会很高，整个氛围会向糟糕的方向发展。

⑦我们团队中有两名队员属于那种气场比较强大的人，他们跟我刚好是相反的类型。刚开始老觉得他们总是用"审视"的眼光看我，那让我感到有点不舒服，我生怕自己会犯大的差错。后来我告诉自己，他们那样看我也是为了让我能带好队，慢慢地我感受到了他们的善意，也放平了心态。

⑧前一天当我得知有近一半的同学会迟到或不能来时，我的心情非常差，我觉得很不顺利，会影响带队效果。我尝试改时间，但是最终没有协调开，还是按原定时间开展活动。于是我只能接受这个现实，我鼓励自己，放低期待，觉得只要能完成这次带队就可以了。这么想会令我感到轻松。当想到可以认识新队员时，我感到很兴奋，想到虽然人少但也不妨碍一起玩，我的心态就放松了。在活动刚开始的时候，我摆了12把椅子，但是只有5名队员到场。虽然场地上看起来稀稀拉拉的，但是队员们都很投入，这也调动了我的积极性，让我觉得能够按时开始还是不错的，于是就正常进行下去了。

收获是：尽人事，听天命。接受现实，调整心态，想想这个活动中自己很喜欢很期待的部分，就会重新有了动力，就会尽量去应对存在的问题，只要尽力了，结果也只能听天由命。

（2）项目布置

项目布置方面的感悟如下：

①项目布置一定要准确，否则活动效果会受到很大影响。

②教练在带队前对带队流程肯定已经有一个比较清晰的了解，但是现场状况往往与自己预想的不一样，这就需要教练能够随机应变，灵活带队。这次带队如果能以一个小活动开场，我想效果会更好，一来可以缓解带队时的尴尬气氛，二来教练也可以通过这个小活动缓解自己紧张的心情，就像演讲训练一样，一开始总会有点紧张，但后面就会慢慢放松。

③刚开始面对一些静静坐着的陌生人时确实会有一些尴尬，教练可以带着他们聊聊天来暖场。

④过分注重流程会加剧自己的紧张感。因此，教练可以变换一下活动规则的说法。

⑤在项目布置上，我安排得太松了，这导致整个活动显得很散，时间控制得也不够好，以后可以让带队教练掐一下时间。

⑥教练是活动的引导者。活动中的一点一滴都需要教练去掌控，教练需要把握好活动的节奏，让活动安稳有序地进行。

（3）项目引导

项目引导方面的感悟如下：

①教练既不是评论者，又不是裁判员，而是和其他队员一样，是一名普通的倾听者。除此之外，教练可以给予队员真诚的反馈，引导队员分享的方向。所以在引导分享时，教练应该放松一点，用心去体会队员所说的每一句话，使他们碰撞出智慧的火花。

②我提出问题后，由队员发言，但感觉总是那么几个人主动发言，其他人一言不发，后来我就邀请没发言的人说话。有一次我漏掉了一名队员，忘了让他发言，下次一定要谨记，引导每个人都发言分享。

③在大家分享体验时，我感觉自己能很自然地把自己的一些凝练的想法抛出去，结合队员的分享做有针对性的点评。

④教练要尽量多引导，不要跟着队员偏离的思路跑，要紧紧围绕主题，注意倾听，从内心感受并回馈队员的分享。

⑤在第一次分享环节中，队员们都很不愿意、很不习惯讨论自己的感受和内心的想法。一开始大家都只是分享一些外在的东西，如方言、技能等，但是队伍里总会有一些愿意分享自己的感受和内心想法的队员，教练要善于发现并给予鼓励，从而调动其他队员的积极性。一开始队员可能进入不了分享的状态，没有关系，教练要慢慢等

待观察，耐心引导。

（4）有关教练

①各种小问题出现后，教练要及时解决，否则后患无穷。例如，我在说话的时候多次被队员打断，虽然感觉不舒服，但放过去了。其实，自己应该及时提醒队员要学会倾听，请队员在教练说完后再进行提问。

②教练要坚守活动规则，不能太迁就队员。

③教练在树立了规则之后，除了口头强调外，重要的是要在活动过程中落实，否则那就是无效规则。对遵守规则的队员要及时进行表扬并给予肯定，对忘记规则的队员要及时提醒。

④在刚开始带队时我有些慌乱，因为物品准备和心理准备不足，以后我要早点到现场，做好准备工作，慢慢适应环境。

⑤教练在面对一些没有预想到的事情时不要慌张，要先平静下来，再去融入氛围就可以了。

⑥队员愿意往哪里走，教练就顺着他们的方向往哪里走，因为那时他们形成的能量、动力是很强大的，教练要做的就是开放、欣赏、鼓励，这些就够了。

⑦教练要对事不对人，不能仅凭第一印象任意为队员贴标签，只要自己把该做的努力做了，就够了。队员不会不喜欢你，即使不喜欢也没有关系，那是他的权利，只要他在成长训练营有收获就好了。

⑧教练要充分利用项目，而不要被项目所束缚。

⑨教练可以根据带队中遇到的问题和带队时的需要，不断创造新项目或思考改进旧项目。（前提是对旧项目有足够的了解）

（5）带队准备

①我在整个带队过程中的状态都比较放松，几乎没有紧张感，这是因为我调整了自己带队的能量形式。以前我在做准备时，除了做好常规带队准备外，还会想到各种可能出现的变动和困难，甚至把最坏的情况都想好，然后带着担心去带队。而

这次在带队之前我会思考如何利用已知信息带好队，并抱着"一切都会好的，哪怕出了变动，我也能很好地应对和解决"的心态来带队。总之，以前我是在担心和应急状态的能量下准备带队，而这次我是以一种美好的心愿和信念来准备和带队，能量不一样。

②在这次带队时，我放下了获取别人认可的意图，全身心投入带队过程中，引导他们一起建立开放、安全、愉悦的氛围，带领他们积极讨论和分享。在整个带队过程中，我的心态都比较平和。我为何能做到这样？因为我在生活中越来越重视和关注自己的感受，我试着探寻自己的需求，倾听自己的需要，并学着满足自己的需求，我发现我越来越爱自己了，对于外界的渴求也越来越少了，而且有一种充实的感觉。

③当建立起团队之后，教练就要把主动权交给队员，并培养他们的团队意识，给他们自由发挥的空间。

④教练在带队过程中怎样才能与队员更好地沟通呢？我想最好的方法就是最大限度地放开自己，使自己变得更容易被接纳，只有这样，队员才能感受到教练的诚心，也才会更加配合教练的引导。

⑤我意识到，活动的核心是那群可爱的队员，而不是我们所设计的活动本身。活动的最终目的是促进队员们成长。教练应该重点关注队员在活动中的感受和收获，而不是盯着活动完成度看。

（6）如何看待队员和自己

①在我所带的团队中有两名队员很拘谨，不太愿意说话，也不太愿意参加活动。虽然在进行团队建设时，只有几个人在主导，但是在学习跳队舞时，气氛活跃了很多。我看到有个女生在鼓励旁边那个没有放开自己的队友，感觉那一幕很有爱，很温暖。在之后的团队分享中，我向那个女生表达了我的欣赏，后来我发现很多队员都开始鼓励那两名没有放开自己的队员。在大家的鼓励下，那两名队员竟然主动说话了！我们发自内心地为他们感到高兴。同时，我也意识到团队力量的巨大。在这次活动

中，团队的凝聚力增强了，队员对团队也有了归属感。

②每个人都具有多面性。活泼的人会因为受到触动而安静下来，安静的人也会不顾形象地欢快跳舞。

③教练要营造宽松的团队氛围，使队员能充分地表达自己。

④有的队员希望教练是充满人格魅力的，这并没有给我带来什么压力，因为我知道自己想要的是内心的充实和平静，并不是满足他的需求，并且我意识到无论我多么努力，可能也满足不了他的需求，他需要的是通过自己的成长满足自己。

⑤好像一直到"守护天使"的环节，我才意识到自己不仅仅是在布置项目，而是要和队员共同开启一段美丽的旅程。当时大家的反应各不相同，有的十分惊喜，有的表示很无奈，但我心里很美，有点偷着乐的感觉。在这个项目中，我不会刻意地去想自己要说哪些话，只想把自己的心里话说出来。在所有的项目布置中，我感觉这是最享受的一次。其实，教练不必将项目布置看作一项需要认真完成的任务，把它看作和队员一起去体验愉悦的过程就好。

⑥我觉得我不够包容。在跟队时，对一些状态不太对的人，我会任意贴标签，这样会影响自己的状态，使我不能更好地对教练及队员进行反馈。当别人的想法和我的预设不一致时，我会产生挫败感。事实上，我这是在越界。每个生命都有自己的路线，每个人都有自己的特点，在我看来，也许他们的一些做法和想法是难以理解的，但在他人看来，我的做法和想法又何尝不是。我应该学会接纳别人的不一样，并对他人的不同表示赞赏。有人和你想法一样，那是缘分，可遇不可求，和你不同，那是常态，我们要学会接受。不要轻易地否定任何一个人。

⑦有时问问自己的感受，我们会更了解自己，会离自己的心更近。试着不去拒绝别人，而是去了解他，倾听他，那么两人的距离自然会被拉近。人与人之间的交流并不困难，只是需要我们先从自我封闭和自我怀疑中走出来，试着去了解别人，也让别人了解自己。

⑧当场面有些失控时，现在的我能及时打断他们，不再过多犹豫，我真为这样

的自己感到高兴。之前的我不会打断别人，可能是因为自己的界限还不够清晰，后来我意识到，适时打断队员是教练的本分，尽好自己的本分，心就是安稳的，不会受到他人的影响，打断别人也就变得容易了。只是我们要学会怎样让打断变得不那么生硬。

⑨通过这次带队，我感觉自己真的变得成熟和淡定了。当队员们在我的反复鼓励下仍没有回应时，我的内心不会再产生大的波动，我也不会把队员的反应当作不配合或不积极，而是不断地探究原因并想解决问题的办法。

我的淡定在很大程度上是基于对队员的了解和对自己的确定。从队员之前的表现看，他们是友好的且乐于配合的，所以此刻他们绝对不是故意和我作对。我没有理由责怪他们或贬低自己。以前遇到这种情况时，我会感到受伤害，并且自责，但现在我不会这样了。队员来参加成长训练营并不是为了配合我，或让我感觉好，而是为了获得成长，在这次带队过程中，我的心态一直很平稳，我的内心充满了温暖和感恩。

⑩我把规则和计划看得太重，不敢轻易做出改变，因为我害怕自己做出的改变不能产生好的结果。因此，我一直墨守成规，严格按照前人的经验带队。其实带队手册只是一个通用的文件，并不一定适合我所带队伍的状态和当时的需要，我希望自己可以挣脱这种束缚，找到最适合队员的带队方式。

⑪正如某队员所言，成长训练营中的我们就像一棵棵树，虽然成长目标不一样，但随着我们一起成长，我们的枝丫会越靠越近，我们的心也会越靠越近，大概共同成长的美好便在于此吧。

人与人之间最珍贵的就是无目的、无条件的陪伴与关心。默默守护一个人的感觉和被一个人默默守护的感觉都是温暖且幸福的，细细想来，我曾经有过这样的感觉，只是时间长了，我渐渐地忘掉了。也许，我该回头去找找了。

（7）如何运用于生活

①在和他人相处的时候，摆脱思维定式，不要轻易给别人下定义，他人的内涵不是自己一时能发现的，多一些耐心和好奇心。其实，人与人本来就是不一样的，如果

愿意用心去交流，我们完全可以求同存异，互相学习、互相欣赏。这也是多给自己一些机会。

②勇敢一点，要有担当。越是那些你想逃避的事情，就越是会出现在你的面前，而想要得到的东西往往被挡在想要逃避的事情之后，只有翻过这座山，才能看到希望。

③解决问题的其实不是时间，而是由内而外的绽放。

④每个人都想自己做主，自己做出选择，但不要剥夺他人的权利。我们要清楚人与人之间的界限，"过不规，道两亏"，规劝的方法有很多种，不要选择让他人被动的那一种。

（二）信任

1. 总目标

第一，队员进一步体验人与人之间的互动、合作及互相关心，学会换位思考。

第二，队员之间、教练与队员之间形成联结。

第三，教练让队员产生归属感，并感受到温暖、快乐和轻松。

第四，队员通过项目来探讨信任在友谊中的重要性。

2. 教练定位

在第二次活动中，教练要让队员之间多一些了解和互动。教练在不使场面失控的前提下，给队员多一些自由，让他们感受到轻松和快乐。如果出现问题，教练要及时和队员核对并解决。教练要提升队员交流的意愿，增进队员之间的感情，让队员有新奇、有趣而美妙的体验，满足队员"体验"的期待。

3. 带队心法（内心状态的准备）

在第一次带队后，教练对队员有了一定的了解，但还是会有一些陌生感，因此就要把第二次活动当成互相磨合、认识彼此的好机会，放下顾虑，让自己放松，带着一分好奇迎接自己的队员。

4. 带队节奏（知所先后，则近道矣）

第二次活动中的体验性项目比较多，教练要善于活跃气氛，调动队员们体验项目的积极性。除此之外，教练要激发他们讨论的热情，使他们在"玩"中有所收获。

5. 活动流程

信任上半场

- **活动目标**：队员进一步体验人与人之间的互动，队员之间形成联结。
- **教练定位**：引导者、参与者。

项目一：开场白（配备视频）

时间	5分钟。
项目目标	热场。
教练定位	引导者。
活动器材	无。
项目布置	1. 教练向大家问好：相隔一周之后，又见到大家，真好！ 2. 说明未到场队员的情况。
注意事项 （项目布置要点）	无。
回顾引导	通常不设置回顾引导。

项目二：握手你好（配备视频）

时间	30～35分钟。
项目目标	1. 队员再一次相互问好，增进彼此的感情。 2. 队员记住彼此的名字，为"棒打薄情郎"做准备。
教练定位	引导者、参与者。
活动器材	无。

续表

项目布置	1. 队员之间打招呼"又见到你，真好！" 2. 队员之间进行自我介绍。 3. 队员如果一次没记住对方名字，可与其多次握手。 4. 如果觉得太单调，教练可以让队员问对方一个想问的问题。这样可以增进队员之间的了解，为接下来的活动打下基础。
注意事项 （项目布置要点）	1. 人数5～15人，教练可参与。 2. 项目控制及变式：如果小组人数实在太多，可分小组完成此项目。 3. 队员互相问好并聊其他的内容以增强彼此的熟悉度，但是教练要注意控制时间。 4. 如果队员还记不住彼此的名字，教练可在此环节之前先让队员进行"握手你好"的活动（握手时可以说"又见到你真高兴"或者其他应时应景的话语，也可以说自己想说的话）。
回顾引导	通常不设置回顾引导。

图4-11 同学，你好！

项目三：棒打薄情郎（配备视频）

时间	10分钟。
项目目标	1. 活跃气氛，放松心情。 2. 帮助队员记住队友的名字，增进彼此的了解，为后面的活动做铺垫。
教练定位	参与者。
活动器材	"棒子"（可以为柱形的充气气球或大报纸卷成的筒）。

续表

项目布置	项目描述： 1. 所有人站成一个圈，然后指定一个人拿着棒子站在中间，由教练示范。 2. 拿棒子的人喊出一个同学（甲）的名字，被喊出名字的人（甲）如果在被棒子打到之前喊出了另一个同学（乙）的名字，那么拿棒子的同学就转向去打其他同学（乙）；如果第一个被喊到名字的同学（甲）没有喊出其他同学的名字，那么就会被棒子打到，这时他需要出来拿着棒子去打别人，依此类推。 3. 站在中间次数最多的人，由于为大家互相熟悉做了贡献，被"奖励""爱的亲亲"。 注："爱的亲亲"指一边做可爱的动作一边说："对不起，我错了，我爱你们！" 规则描述： 不能重复喊上一个同学的名字，便于每个人都参与游戏。
注意事项 （项目布置要点）	1. 教练可以根据队员在活动时的状态选择处罚强度和方式，有时候也可以问问有没有队员愿意代受惩罚，这样可以增进队员之间的感情。 2. "棒子"不可太坚硬；打人时力气不可太大，以免造成伤害；活动中要提醒队员"手下留情"，注意安全。
回顾引导	通常不设置回顾引导。

图4-12　打谁呢？我先想一想……

信任下半场

• **活动目标**：让队员有归属感，建立信任，并感受到温暖、快乐和轻松，通过项目来探讨信任在友谊中的重要性。

• **教练定位**：项目布置者、引导者。

项目四：默契报数（配备视频）

时间	20分钟游戏+30分钟分享。
项目目标	1. 队员体验团队的默契。 2. 队员学习如何调整自己的状态，从而与团队的状态达到和谐一致。 3. 队员学习如何面对失败和挫折。
教练定位	项目布置者、引导者。
活动器材	每人1个眼罩。
项目布置	项目描述： 1. 全体队员戴上眼罩，从戴上眼罩开始，禁止说话。 2. 原地转3圈，打乱位置。 规则描述： 1. 参与队员不能动，不能说话，只允许说出数字。 2. 谁都可以开始。 3. 每个人都要参与，但同一个人不能连续重复报数。 4. 如果发现报数中断了3秒钟以上或是出现两人同时报数的情况，就算全队失败一次，全队需要重新开始，再次从1开始报数，直至最后完成报数。
注意事项 （项目布置要点）	1. 此游戏可做两轮或三轮，注意第一轮的数字不要太大，比总人数多3为宜，后两轮可依据情况加大数字，加大难度。 2. 队员之间不能互相讨论报数的方法，如果事先讨论了方法，此游戏就失去了意义。教练在叙述规则前就要告诉队员不能再说话，若有疑问请在教练讲解完规则后举手。 3. 教练要在讲解规则之前告诉队员还有体会环节。

续表

回顾引导	本项目中可以使用的问题： 1. 大家在刚才这个游戏中有什么体会和感受？ 2. 刚开始报数的时候，你是怎么想的？你的计划是什么？ 3. 当你听到队友开始接连报数的时候，你觉得团队成员们是怎么想的？在这之后，你又做了哪些决定？效果如何？ 4. 后来你发现团队的计划是什么？你又做了哪些决定？效果如何？ 5. 在这个过程中，你最满意的部分是什么？你不满意的部分是什么？ 6. 如果再来一次会怎样？ 7. 到目前为止，你学到了什么？ 8. 你准备如何把自己学到的东西用到生活和工作中？ 针对如何面对失败和挫折的回顾问题： 1. 你觉得哪个部分最困难或是最紧张？ 2. 开始出现几次失败的时候，大家有哪些感受？大家在想些什么？ 3. 当你发现队友失误的时候，你在想些什么？ 4. 当你发现自己失误的时候，你在想些什么？ 5. 如果失误的是我们自己，我们希望大家怎样对待我们？为什么？

图4-13　哎呀！就差一点了

项目五：疾风吹劲草

时间	20分钟。
项目目标	为下一个活动预热。
教练定位	项目布置者。
活动器材	无。
项目布置	请队员围成一圈，脚尖向前做弓步，手肘弯曲。中间的人双手交叉放于胸前，全身保持笔直。中间的人问大家："准备好了吗？"大家齐声回答："准备好了。"中间的人闭眼向后倒，周围的人要接住他，轻轻地按顺时针推。
注意事项（项目布置要点）	提醒队员们穿便于活动的服装，注意安全，保护胆小的队员。
回顾引导	通常不设置回顾引导。

项目六：盲人与聋哑人（配备视频）

时间	45分钟游戏+60分钟分享。
项目目标	1. 体验助人与自助，在角色交换中，学会关心他人、换位思考。 2. 讨论信任问题，探讨如何成为一个可以被人信任的人。 3. 掌管自己的信任、选择信任或者不信任他人。
教练定位	聆听者、引导者。
活动器材	1. 眼罩（数量至少是人数的一半）。 2. 椅子若干。 3. 布置障碍的器材。
项目布置	项目描述： 1. 游戏里会有两个角色，一个是盲人，另一个是聋哑人。游戏会进行两轮，第一轮过后，队员进行角色互换。第一轮希望充当盲人的队员站到教练的左边，希望充当聋哑人的队员站到教练的右边（如果两边人数不相等，则教练进行调整，使人数相等）。 　　首先，教练请"盲人"戴上眼罩，坐在教室内的椅子上等待。

续表

项目布置	其次，教练请"聋哑人"到教室外，向他们描述接下来的任务：下面我们每个人都要带一个"盲人"进行一段特别的旅程，大家要竭尽全力在这段旅程中照顾好"盲人"，注意他的安全，不要让他感到害怕。当我把"盲人"的手与你的手握在一起时，我就把他交给你了。大家一定要尽心、小心啊……下面我给大家说一下待会儿要带"盲人"走的路线……大家还要记住一点，当你把"盲人"带回教室后，还要想办法让他在黑板上画一个太阳和一个月亮，然后再把他安置到教室里的椅子上坐下。在此过程中大家一定要注意，你是聋哑人，所以你不可以说话，也不能回答"盲人"的问题。最后我还要跟大家强调，盲人就交给大家了，你们一定要保护好他们，注意他们的安全！并不是谁完成任务快，谁就完成得好，而是谁把"盲人"照顾得好，谁的任务就算完成得好！之后，询问大家是否还有疑问。 　　然后教练进入教室，对"盲人们"说：大家久等了，待会儿大家将经历一段奇幻的旅程。在旅程中，大家都不能摘下眼罩，一直要到我跟大家说可以摘下眼罩时，大家才能把眼罩摘下，大家听清楚了吗？ 　　最后，教练把盲人与聋哑人配对。队与队之间最好隔上一段时间再出发，以免碰撞。 　　2. 摸手认亲：在大家都回到教室并完成任务后，教练也让"聋哑人"坐成一排，请"盲人"依次通过用手感知的方式来辨认陪伴自己走过这段旅程的"聋哑人"，当他确认后，教练引导他站到他所选择的"聋哑人"身后。在此过程中，"聋哑人"依然不能说话。所有"盲人"选择完毕后，摘下眼罩，与"聋哑人"相认，此时"聋哑人"也可以说话了。 　　3. 开始第二轮游戏，"盲人"与"聋哑人"交换角色。"盲人"在教室外稍候，"聋哑人"留在教室。教练可对"聋哑人"说："刚才我们作为'盲人'的时候，在'聋哑人'的陪伴下走过了一段旅程，那么现在我们也要作为一个'聋哑人'去呵护、陪伴、引导'盲人'走过一段旅程。"然后给大家讲解路线。 　　在安全的空地上，"聋哑人"将"盲人"的手松开，让他独自在原地停留30秒钟，注意观察"盲人"在无人照顾时的反应，同时要注意保护好"盲人"。 　　教练再次强调："聋哑人"直到与"盲人"相认时才能说话，在旅程中，"聋哑人"一定要注意"盲人"的安全，要把"盲人"照顾好。 　　接着，教练再到室外与"盲人"强调他们所要遵守的规则，与第一轮基本无异。

续表

项目布置	在把"盲人"与"聋哑人"配对并护送他们安全出发后，其中一名教练立即回到教室布置障碍，速度要快，至少要有一名教练在路线上查看情况，保障队员的安全！后续工作与前轮一样。 4."盲人"集体向"聋哑人"道谢。 5.每轮游戏结束后，教练都让"聋哑人"带"盲人"看看他们自己画的画、走的路线等，让他们每组自由聊一会儿。 规则描述： 1.在整个过程中"盲人"不能摘掉眼罩。 2."聋哑人"有义务帮助"盲人"完成任务。
注意事项 （项目布置要点）	1.此项目体验性非常强，队员们也能收获许多东西，但安全问题是这一项目的重点和难点，教练一定要把安全细节考虑得非常周全，要在路途中时时探察，保障队员安全，及时处理突发状况。 2.教练一定要向队员们强调：完成此任务的好坏与速度无关，关键是"聋哑人"把"盲人"照顾得多好，大家在此过程中体验多深，收获多大。 3.障碍不要太难，至少要有一名教练守在障碍旁边。 4.游戏结束后，教练先不要急着撤障碍，要让"盲人"看一下自己刚才走过的路。
回顾引导	本项目中可以使用的问题： 1.信任重要吗？ 2.怎样获得信任？ 3.什么时候才能信任别人？ 4.在这个项目里你是怎么决定信任他的？ 5.谁对我的信任负责任？ 6.在生活中你的信任度有多少？ 7.什么因素影响到你的信任度？ 8.哪些做法会使你失去对别人的信任？ 9.当你失去别人的信任时，你可以做些什么？ 回顾性的问题设置： 1.在活动中你最大的感受是什么？ 2.你觉得在活动中信任和不信任对你们做好这个活动有什么影响？ 3.你怎么决定信任或者不信任他人？ 4.在活动中你还有哪些关于信任的收获？

注意：带队结束后，教练要发放"活动效果调查表"，并让队员当场填写，然后回收，根据队员的反馈做好反思工作。

图4-14 让我扶着你一路前行

6. 教练带队感悟

（1）当教练遇上队员

①永远不要给队员贴标签，队员的内心远比自己想象的丰富。这次活动中，有一名队员在分享自己的问题时，超出了我的预想，但是并没有超出话题范围，分享内容也比较深刻。我那时有点应付不来，但值得庆幸的是，其他队员的一些建议帮助我解了围，他们根据自己的经历，给了那个队员一些不错的建议。其实，教练的生活阅历毕竟是有限的，如果教练能够很好地引导队员，队员就能够带给教练意想不到的惊喜。这也是成长训练营的神奇之处，它是一个队员与教练共同成长的地方。

②队员之间相互反馈的话越多效果会越好，教练要避免成为个人的咨询师。队员自己能说出来会很舒畅，如果能听到伙伴的反馈，也是一种幸福。这可能既与队员的性格有关，也与教练的引导有关。教练最好从一开始就能够向队员传达出这种思想。

③一个团队有几个人不重要，重要的是队员的心，如果大家的心是在一起的，那么即使人少也无所谓，并不会影响尊重、理解、关爱等团队氛围的营造。在团队

中，只要有一个人的心在外面跑，团队目标就难以达成。所以在一个团队中，只有人心齐，力量才会强大。如果一群人在一起想要达成一个目标，就要共同努力，不要互相抱怨。

④教练要尽量照顾到所有队员，不要冷落任何人，不管你对这个队员多么感兴趣，或对那个队员多么不感兴趣。

⑤团队氛围太重要了，它会影响每个队员的开放度，而队员的开放度又会反作用于团队氛围。

（2）项目布置

项目布置方面的感悟如下：

①"默契报数"的规则比较多，"盲人与聋哑人"的项目布置比较麻烦，教练要提前做好充分的准备。

②在"默契报数"中，教练要让队员们严格遵守规则，并允许队员们体验失败，因为即使失败了，他们也可以从中有所学习。

③在"盲人与聋哑人"中，教练要保护好队员的安全。在过障碍时，教练最好让队员独立完成任务，不要频繁地去帮忙。

④"盲人与聋哑人"游戏结束后，队员们会比较激动，教练要给他们一些时间，让他们尽情表达自己的感受。若队员出现跑题现象，教练需及时打断。大家能够聊起来的时候，教练可以稍稍撤后，静观其变，让队员之间多一些交流和了解。

⑤在"握手你好"中，教练可以让队员多说一些内容，如介绍自己的家乡，以使大家更加亲近。

（3）项目引导

项目引导方面的感悟如下：

①教练提问时要表达明确，队员不知如何回答时，教练要及时变通提问的方式，不要强迫队员回答问题。

②教练要有意识地引导所有队员发言分享，如按顺时针或逆时针顺序依次发言，

从而在无形之中建立起范式。

③在分享中，除了引导之外，教练可以尝试着让自己成为一名队员。在给队员反馈的时候，教练可以像朋友那样说一下自己的体验和对事情的看法，不必强求自己说得多漂亮，只要去理解他们，把心里话说出来就好。教练要让自己放松一点，用心去观察身边的队员，不仅要听他们说的话，还要听到他们话语背后的心声。

④虽然一个游戏当初被设计时会围绕某几个主题，但当不同的队与队员去体验时便会生发出无限的可能性。教练既要善于发现这些可能性，鼓励队员探索，又要尽量把游戏往主题上引导。

⑤我在引领讨论的时候会有点着急，每次都有种多重问句的感觉，这样不好，以后要注意稳住自己的状态，然后一个问题、一个问题地循序渐进地引导，给大家一些思考的空间。

（4）有关教练

①我想提醒教练们，以后千万要照顾好自己，在带队前保持体力，不要过度运动，因为我发现自己在累的时候就会心情不好，看待问题时会很消极。

②教练要有一个好的心态，不管面对什么样的队员都应该微笑、微笑、微笑，微笑挺管用的。

③教练一定要记住每个队员的名字。

（5）带队准备

①在活动开始前我就开始焦虑，特别焦虑，各种各样的担心不停地冒出来。焦虑带给我的感受是烦躁，烦躁的表现就是除了想着这件事就干不了别的。带完队之后我发现，我之所以会这样是因为想得太多，做得太少。所以以后要是再有这样的情况，我的决定就是去做，不能去做就先做充分的准备。

②虽然我在带队时很快乐，带队后也很兴奋、喜悦，但在带队前却充满了煎熬和痛苦。现在我在带队前后都多了一分平和、一分投入和一分责任感。之后要努力的方向就是，去检测自己对每一次带队的定位以及之后使用的方法是否恰当和准确，即形

成有区别的定位，但不固化，带好每一次队。

③很多不在计划范围内的问题当时可能会让我们有些不知所措，甚至是小失落，但最后也可能会留给我们许多值得回味的东西。

（6）如何看待队员和自己

①每个队员都想在成长训练营得到成长。他们在不断地学习，不断地运用，然后慢慢获得成长。

②每个队员都有自己的长处，也有需要成长的地方。教练所要做的是尽可能把成长训练营的资源带给他们，至于他们是否能接受，是否能吸收，那就是他们自己的事了。无论队员做什么，我都要试着接纳，因为他们是那么美好，那么鲜活，那么向上。我要学会引导他们，欣赏他们，如果他们有需要改进的地方，我会告诉他们。

③我总是担心，怕他们失败，得不到成长。因为我太想让他们快点成功，所以忽视了成长规律。其实队员在失败的体验中也能获得成长。以后在带队时，我会尽量提醒自己放下自己的标尺，允许队员有其他的可能性，并尊重不同可能性之下的不同结果，使他们在体验中成长。

④"人不可貌相，海水不可斗量"。慢慢接触后我发现，我的队员是一座座宝藏，我怕时间不够，来不及挖掘，所以我要珍惜时间了，我要多听听他们怎么说，怎么想。

⑤我总是力求做到公平，希望不会让任何一名队员受冷落，希望他们得到比较均等的关注。后来我意识到，教练不可能每次都能给队员深入的反馈，当我们没有深切感受时可以仅仅用一句"谢谢"回应队员。教练要更多地利用团队的力量，以后再有问题时，尽量把问题先抛给队员，等他们分享完之后，再做总结或补充。

⑥其实只要我们放下戒备之心，让自己离周围的世界更近一些，我们就更容易给周围的人带来温暖，也能让自己感受到更多的温暖。

⑦以后在带队时，我要尽量做到处变不惊，努力保持平和的心态。

⑧人在不同的阶段，会对同样的问题有不一样的理解。我意识到，在人与人的关系中，照顾好自己是多么重要，否则不仅帮不到别人，还会给别人造成困扰。有时当我回头看自己以前的处事方式时会觉得不太好，但那就是自己当时所能做到的。所以我们不能为了过去的事情而责备自己，而是要从中有所学习，以便帮助今天的自己更加成熟地去处理类似的事情。

⑨以前我总是渴望得到队员的认可，觉得如果我做得不够完美，他们就会看不起我，我把他人的评价与自己的价值直接联系起来了，因此在带队时我总是战战兢兢、小心翼翼的，其实这样影响了我对队员的感知和带队时的投入程度，现在这个大石头总算被挪开了，我觉得自己变得更真实了，在带队过程中也更投入了。

⑩我认为，我们不应被众多顾虑淹没，要勇敢地去尝试，并且善于观察和接收外界的反馈，对自己要保持觉察，同时要把注意力更多地放在队员身上，关注他们的状态和反应。

（7）如何运用于生活

①在生活中，我比以前更接纳我的同学、朋友和家人了，因为他们是那么美好，带给我很多感动。我觉得每一个生命都值得尊重。

②其实很多时候我们都把别人为我们所做的一切当成了理所当然，尤其对父母，我们表达的感恩之情太少，其实只要我们稍微言语一下，他们就会感动得不行。怀着感恩之心去生活，一切都会更美好。

③安全感是人类最基本的需求，它来自对人、对环境的感知，它的强弱因相处对象、情境而变，我们都想快速结束缺乏安全感的状态。

④每个人都有自己的规则，与其他人不一样的规则。如果我们不告诉对方自己的规则，就会造成矛盾和误会，因为在自己的规则里，对方可能违规了，但在对方的规则里，对方没有违规。因此，沟通很重要。你不说，对方就不知道你的规则，而你却为对方的违规而生气，实在有点不值。

（三）沟通与合作

1. 总目标

第一，队员获得快乐体验。

第二，强化队员与队员、队员与教练之间的联结，增强彼此的熟悉度。

第三，教练与队员共同探索言语沟通与非言语沟通的方法与技巧。教练要使队员明白，沟通过程中容易出现信息传递和信息理解的偏差，在以后的沟通中应注意避免，更重要的是在沟通过程中要保持平和的心态，学会包容，当因信息错误而产生问题时，不盲目抱怨，而是齐心协力去解决。

第四，进一步提高队员的团队合作意识，使队员在合作中达成整体目标。

2. 教练定位

在活跃气氛、让大家感到快乐的项目中，教练在讲解规则时要能放得开，做好"愉快、放松、投入"的示范。队员受到感染后，在正式开始游戏时才能真正放开，真正获得快乐的体验。

此次活动中的项目布置都不烦琐，教练需要准备的器材等也不多，因此教练相对比较轻松。但在轻松之余，教练也要好好准备，熟悉流程，认真布置，带动气氛。在此次活动中，教练要着力于引导队员思考、讨论、反馈，并做好总结。教练最好能创设情境，让队员分享出更多有价值的观点。

3. 带队心法（内心状态的准备）

充分准备，轻松带队，认真布置，关注分享。

4. 带队节奏（知所先后，则近道矣）

这次的活动设计，节奏明快，项目单纯，大小项目交替出现，比较容易把握。一般来说，教练只要按照设计的流程展开活动即可，如果出现特殊情况，则适时调整。

5. 活动流程

沟通与合作上半场

- **活动目标**：强化队员与队员、队员与教练之间的联结，增强彼此的熟悉度。

- **教练定位**：引导者。

项目一：开场白（配备视频）

时间	5分钟。
项目目标	问好、表示欢迎、引入。
教练定位	引导者。
活动器材	无。
项目布置	1. 教练简短表达自己又见到大家、又要和大家一起活动的心情。 2. 介绍今天的活动概况。 3. 说明未到场队员的情况。
注意事项 （项目布置要点）	热场很重要，良好的开头可以更好地调动队员的积极性，所以教练不要匆匆开始，以免让队员觉得不够认真。
回顾引导	通常不设置回顾引导。

项目二：大小风吹（配备视频）

时间	10分钟。
项目目标	休息、放松。
教练定位	项目布置者。
活动器材	椅子。

续表

项目布置	教练向队员说明游戏流程：由"我"先开始。待会儿"我"如果说"大风吹，大风吹"，就请大家一起问我"吹什么"，然后"我"会告诉大家"吹"什么，比如说"吹戴眼镜的"，那戴眼镜的人就要立即起立，换到其他的椅子上去，这时候在圆圈中的"我"也要去找一把椅子坐下，于是就会有一个人找不到椅子，那么这个人就成为下一个站在圆圈中喊口令的人。接着进行下一轮游戏，最后谁站在圆圈中的次数最多，谁就要接受惩罚。 之后大家开始进行游戏。 几轮游戏之后，教练对游戏流程做补充说明：现在圆圈中的人不仅可以喊大风吹，也可以喊小风吹或台风吹。如果圆圈中的人喊的是"小风吹，小风吹"，大家问"吹什么"，他说的是"吹戴眼镜的"，那么不戴眼镜的人要起立抢椅子。那么台风吹呢？台风吹就是所有人都要换椅子。所以大家一定要注意听两点：第一，到底是大风吹、小风吹，还是台风吹；第二，到底吹的是什么。
注意事项 （项目布置要点）	注意安全。
回顾引导	可以采用通用版回顾模式。（见本章"带队流程"部分开篇的介绍）

图4-15 一阵风吹过

项目三：案例讨论（配备视频）

时间	60分钟。
项目目标	探索处理宿舍矛盾的方法以及在冲突下与人沟通的方法。
教练定位	引导者。
活动器材	无。
项目布置	1. 教练将队员分为两组，并把"宿舍案例"分发给每一位队员，由队员自行决定哪一组扮演A，哪一组扮演B。 2. 各组看案例并讨论，表演情景1和情景2。 3. 教练询问双方队员在表演时作为A/B心里是怎样想的，感觉如何。 4. 小组讨论沟通的方法，表演沟通场景。 5. 大组分享：表演者作为A/B在沟通时有什么感受？其他人有什么感受？对自己有什么发现？有何收获？有何新的决定？
注意事项 （项目布置要点）	1. 留出时间让队员阅读案例，并且核对队员是否都理解了案例上的要求。 2. "宿舍"是大学生非常感兴趣的话题，要注意引导回顾，围绕主题，控制分享时间。
回顾引导	这一项目以常见的宿舍矛盾情境引入对沟通的讨论： 1. 有冲突有矛盾时应该及时沟通。 2. 如何有效沟通？ 希望队员了解： 沟通不是试图改变对方，而是告诉对方自己需要什么，然后让他提供给自己。沟通时要提具体要求（比如，提"整理东西轻一些"就比"多为别人考虑"好）。 指责对方时也要对自己有所觉察（看到自己的需要，清楚自己有情绪的原因，与冲突对象是什么关系，环境对自己情绪的影响），不夸大情绪，不要为了发泄情绪而去"沟通"，沟通的目的是解决问题。

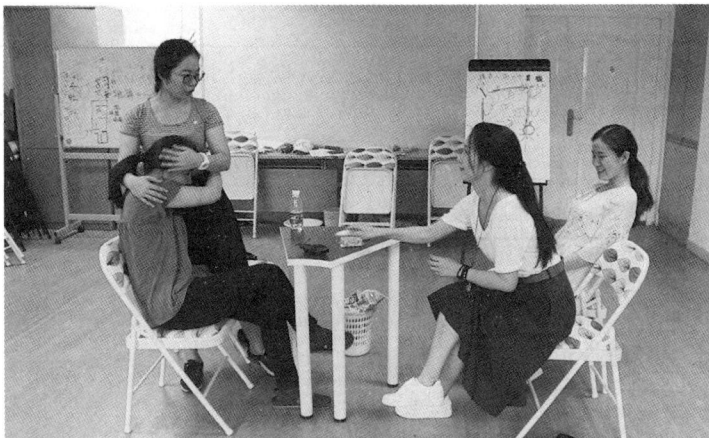

图4-16　宿舍里的家长里短

项目四：捉蜻蜓（配备视频）

时间	20分钟。
项目目标	1. 体验团队合作的乐趣。 2. 增强队员之间的亲密感。
教练定位	引导者。
活动器材	无。
项目布置	项目描述： 　　让队员们围成一圈，左手手心向下，右手食指向上、其他手指捏在一起。每个人把自己的右手食指顶在右边人的左手手心里，两只手的高度大约与较矮者的肩膀持平。 　　当大家都这样准备好之后，教练在圆圈中心朗诵《春》的选段，要求队员仔细听。队员一旦听到与植物相关的词语时，就立即反应，左手抓左边人的食指，同时右手食指要避免被右边人抓到（教练也可朗读故事《乌鸦、乌龟与乌贼》，让队员"抓乌龟"，即听见"乌龟"的时候抓）。 　　项目规则： 　　被抓到次数最多的人（如果有人既抓到过别人，也被别人抓到过，则他被抓的最后次数等于实际被抓次数减去抓住别人的次数），要接受小小的惩罚，如青蛙跳。

续表

注意事项 （项目布置要点）	1. 大家在游戏过程中要注意安全，防止手指被戳破。 2. 可以不设置惩罚的环节，但是一旦设置了，就要严格按照规则做，不能随意取消惩罚，这样会削弱队员的规则意识。
回顾引导	通常不设置回顾引导。

图4-17　谁是蜻蜓，谁在捉？

"捉蜻蜓" 所用文章选段

《春》选段

一切都像刚睡醒的样子，欣欣然张开了眼。山朗润起来了，水涨起来了，太阳的脸红起来了。

小草偷偷地从土里钻出来，嫩嫩的，绿绿的。园子里，田野里，瞧去，一大片一大片满是的。坐着，躺着，打两个滚，踢几脚球，赛几趟跑，捉几回迷藏。风轻悄悄的，草软绵绵的。

桃树、杏树、梨树，你不让我，我不让你，都开满了花赶趟儿。红的像火，粉的像霞，白的像雪。花里带着甜味儿；闭了眼，树上仿佛已经满是桃儿、杏儿、梨儿。花下成千成百的蜜蜂嗡嗡地闹着，大小的蝴蝶飞来飞去。野花遍地是：杂样儿，有名字的，没名字的，散在花丛里，像眼睛，像星星，还眨呀眨的。

"吹面不寒杨柳风"，不错的，像母亲的手抚摸着你。风里带来些新翻的泥土的气息，混着青草味儿，还有各种花的香，都在微微润湿的空气里酝酿。鸟儿将巢安在繁花嫩叶当中，高兴起来了，呼朋引伴地卖弄清脆的喉咙，唱出宛转的曲子，跟轻风流水应和着。牛背上牧童的短笛，这时候也成天嘹亮地响着。

雨是最寻常的，一下就是三两天。可别恼。看，像牛毛，像花针，像细丝，密密地斜织着，人家屋顶上全笼着一层薄烟，树叶儿却绿得发亮，小草儿也青得逼你的眼。傍晚时候，上灯了，一点点黄晕的光，烘托出一片安静而和平的夜。在乡下，小路上，石桥边，有撑起伞慢慢走着的人；地里还有工作的农民，披着蓑戴着笠。他们的房屋，稀稀疏疏的在雨里静默着。

乌鸦、乌龟与乌贼

从前，乌山头上住着一位巫婆，巫婆养了一只乌鸦和一只乌鸦的朋友乌龟，住在同一个屋檐下，乌鸦常常问乌龟一些奇怪的问题，乌龟常常无法回答乌鸦的问题，只好求助他的朋友乌贼，所以也难不倒乌龟。

有一天，乌鸦、乌龟、乌贼相约到"乌"来吃夜宵。乌鸦点乌龙面，乌龟点乌骨鸡，乌贼只点乌龙茶。乌龟问乌鸦："乌龙面好不好吃？"乌贼说："看起来好像不怎么好吃。"乌鸦回答乌龟："可能乌骨鸡比较好吃。"

吃饱之后，乌鸦、乌龟、乌贼到海边散步。看到天空一片乌黑，乌贼说："看起来好像是乌云。"乌龟说："咦？那不是乌鸦的一群朋友吗！"乌龟也认识，乌鸦向他们打招呼："嗨！"那群乌鸦朋友也回应了乌鸦、乌龟、乌贼。

原来这年头都变了，乌鸦也能和乌龟、乌贼成为好朋友！

项目五：乐高（配备视频）

时间	20分钟游戏+30分钟分享与讨论。
项目目标	提高队员的沟通能力，并使队员明白，交流过程中容易出现信息传递及理解上的偏差，因此，在传递信息时，要清晰、明确；在接收信息时，如若遇到不清楚的地方，要及时反馈，及时询问；在沟通时，要注意语气、态度，互相理解，互相包容。
教练定位	项目布置者。

续表

活动器材	乐高积木、相机。
项目布置	项目描述： 1. 先让队员以报数的形式随机分组，每组两人。 2. 分组完毕后，告诉队员接下来会有两个角色：设计师和建筑师，请各组内部协商来决定角色分配，并向大家说明。一轮游戏过后，进行角色转换。 3. 角色分配好之后，"设计师"和"建筑师"背对背坐好，教练给每组发两份一模一样的乐高积木，一份给"设计师"，一份给"建筑师"。 规则描述： "设计师"设计一个乐高作品，并把它搭出来，并告诉"建筑师"怎样搭建这个作品。这个游戏的目标是"设计师"和"建筑师"在看不到对方，只能用言语交流的情况下搭出一模一样的作品。计时10分钟。 当第一轮游戏结束后，双方交换角色，按照原有的规则和要求再进行一轮游戏。教练最好重申一下对各个角色的要求。
注意事项 （项目布置要点）	1. 教练要注意提醒"设计师"和"建筑师"不得互看对方及对方的作品。 2. 教练要留心观察各组的交流情况，便于之后的分享。 3. 在活动过程中教练注意提醒队员剩余时间，至少提醒两次。 4. 队员完成作品后，教练可以让队员拿着自己的乐高作品合影留念。
回顾引导	过程回顾部分： A方案 1. 当你扮演"设计师"的时候，你与"建筑师"沟通的过程是怎样的？ 2. 令你印象最深的是什么？这个部分带给你的感受是什么？ 3. 为什么这个部分令你印象最深刻？ 4. 当你扮演"建筑师"的时候，你与"设计师"沟通的过程是怎样的？ 5. 令你印象最深的是什么？这个部分带给你的感受是什么？ 6. 为什么这个部分令你印象最深刻？ B方案 1. 这两个角色分别带给你最大的感受是什么？令你印象最深的是什么？

续表

回顾引导	2．你扮演"设计师"的经历对你扮演"建筑师"有影响吗？有什么样的帮助？ 学习总结部分： 1．你觉得怎样能让沟通更顺畅、更有效？ 2．什么会妨碍沟通的顺利进行？ 3．在这次活动中，关于沟通，你最大的收获是什么？ 备注：本次引导分为过程回顾部分和学习总结部分，其中，过程回顾部分有A、B两种方案，教练可任选其一。

图4-18　咱俩做的一样吗？

项目六：盲阵（备选，可以替换乐高）

时间	35分钟游戏+20分钟分享与讨论。
项目目标	1．提高队员的沟通能力，并使队员明白，交流过程中容易出现信息传递及理解上的偏差，因此，在传递信息时，要清晰、明确；在接收信息时，如若遇到不清楚的地方，要及时反馈，及时询问；在沟通时，要注意语气、态度，互相理解，互相包容。 2．锻炼队员的观察能力、表达能力、动手能力和创造力。
教练定位	引导者。
活动器材	3根长短不一的绳子、相机。

续表

项目布置	1. 关灯，让所有队员戴上眼罩，给他们3根长短不一的绳子，让他们用这3根绳子搭一所由一个三角形、一个正方形、一个圆形构成的房子。教练把绳子放在室内，让队员自己找。绳子可以3根都用，也可以只用一根或两根，教练不用限定，也不用提醒，队员自己决定。 2. 队员开始搭房子。这是一所充满爱的房子，是我们的家，搭好后把它送给我们最爱和最爱我们的人，时间为35分钟。如果队员们只用一根绳子就很快地搭好了房子，教练可增加难度，让队员必须使用3根绳子，并在规定时间内继续搭建。 3. 房子搭好之后，教练可以让大家给房子取一个名字，然后大家在房子里合影留念。
注意事项 （项目布置要点）	1. 如果队员在搭房子时遇到困难，教练可以让其中一人摘掉眼罩1分钟。 2. 教练要留心观察队员间的交流情况，便于之后的分享。 3. 在活动过程中教练注意提醒队员剩余时间，至少提醒两次。 4. 教练提前清空场地，并提醒队员注意安全。 5. 教练在开灯时要提醒队员慢慢睁眼，以适应强光。
回顾引导	过程回顾部分： 1. 请大家说说在搭房子过程中自己干了些什么。 2. 大家的感受是什么？ 3. 你对哪些行为比较欣赏？ 学习总结部分： 1. 你觉得怎样能使沟通更顺畅、更有效？ 2. 什么会妨碍沟通的顺利进行？ 3. 在这次活动中，关于沟通，你最大的收获是什么？

图4-19 蒙眼人搭房子，有理说不清

沟通与合作下半场

- **活动目标**：队员与父母建立联结，加强与父母的沟通。
- **教练定位**：项目布置者。

项目七：我所了解的父母

时间	10分钟。
项目目标	队员与父母建立联结，加强与父母的沟通。
教练定位	项目布置者。
活动器材	无。
项目布置	1. 教练把"我所了解的父母"表格（附录四）发给队员，让队员填写并自愿分享。 （分享内容：填完表格之后，令你印象最深的是什么？） 2. 作业：队员回去之后和父母确认，完善表格，用不同颜色的笔填写完，下次活动带回来。
注意事项 （项目布置要点）	队员们写出的内容可能不全，而且多数是自己所认为的父母的喜好，而回家跟父母确认这一环节，不仅可以加强队员与父母的沟通，增强他们之间的联结，而且与父母核对之后所形成的反差可能会让队员们受到触动，以提醒他们要和父母多沟通。
回顾引导	在下次活动中，队员可以分享自己跟父母确认之后的收获和感受。

注意：带队结束后，教练要发放"活动效果调查表"，并让队员当场填写，然后回收，根据队员的反馈做好反思工作。

6. 教练带队感悟

（1）当教练遇上队员

①听到队员的分享中有可以引申的点时，我便有些迫不及待了，但事实上，那可能不是队员想要强调的，我忽视了这一点。

②怎样才叫收获很多？教练设定的东西真的是队员最需要的吗？其实在讨论过程中，队员已经将自己的感受分享了出来，那种感受就是收获。

③当发现某个队员讲的故事没有重点时，我们可以首先对他的积极参与和分享表示欣赏和感谢，然后及时提醒他，当然也可以试着去接纳他。在这个问题上，我还有

需要学习的地方。

④队员和教练是一起成长的伙伴关系，我们都是在与人的互动中成长起来的。教练和队员的相同点是，我们都有宝贵的、神奇的生命，以及独特的生命体验，我们每个人都是重要的。教练和队员的不同点是，教练要引领队员一起活动，要体察团队氛围，要调动整个团队的能量。

（2）项目布置

项目布置方面的感悟如下：

①当完成一个运动量很大的游戏后，我们可以让大家休息一下，也让自己休息一下，然后以最佳状态去迎接之后的每一个环节。

②"乐高"：先让大家背靠背坐好（组间距尽量大一些，避免相互干扰），然后让大家把积木袋子都拿在手上（大家想把这么多可爱的积木拼成什么样子呢？），再说明规则（补：中途不能换伙伴），之后邀请第一轮的"设计师"举手（要给自己设计的东西起个名字哦），并把积木袋子发给他。规则的叙述方式、叙述顺序与活动效果密切相关，因此，我们在叙述规则时可以充满激情，以激发大家的参与热情。教练应提醒队员互换角色后的分享重点在于描述不同的感受，而不是角色的表层差异。教练要细心观察，抓住活动中的一些细节（如某一组第一次刚好拼成了镜像对称，但第二次就一模一样了），从而引入需要深入讨论的主题（这是非常难但效果很好的一个技巧，也是体验式学习的一个关键）。

（3）项目引导

项目引导方面的感悟如下：

①在"乐高"的分享环节中，除非教练先给出一个界定，否则主题跑到哪里都是有可能的，不太容易把握。

②教练只要能引导队员分享出自己的活动心得即可，至于使用什么方法，完全由教练自己决定，我们不能被某个教练的带队风格束缚了。

③一些队员只有在轻松的氛围中才能更好地表现自己，他们不想分享是因为有压

力，我们要充分尊重他们的感受，只需要做好示范，让他们觉得其实分享并不是一件特别难的事，只是说说自己的感受就好。

④我觉得队员更愿意分享自己的经历和故事，当分享自己的想法和反馈时就会有些压力。因此，教练的引导至关重要。

⑤在带队的时候，我们要尊重队员的选择，毕竟我们不能替别人做主，只能告诉他们，以我们的经验，这样做或许会更好。我们要分享体验，而非提出要求。

（4）有关教练

①教练与队员观点不一致时，可能没有对错之分，只是站的角度不同，我们可以先放下自己的立场，从别人的角度去看一下，也许风景别样精彩。

②第一，允许自己犯错，因为犯错是正常的。第二，对于自己的无心之过，他人会体谅，大家都是善良的。第三，重要的是怎样补救，而不是一味地自责。

（5）带队准备

①教练在带队前可以告诉自己，放轻松，展现自己的个性，不求完美，但求真实。

②教练可以告诉自己："我们的状态不可能一直都特别好，我们要允许自己有这种状态。"

③我越纠结一件事，就越不在状态。来团队之前我总会想一些乱七八糟的事，这导致我整个人的能量都不太稳定了。本来跟队是一件很幸福的事，我却在想象中把它恶化了。其实结果证明，它也没有那么可怕。我们很容易就放大一件事，无论好坏。

④五次活动期间，很多事情是不确定的。有的队员会放弃其他事情来这里，有的队员或许会觉得其他事情更重要，那又何必强求呢？聚到一起的，好好珍惜，离开的，真心祝福。

⑤寻找共同点与自我了解都是促进沟通的方法。在一个团队中，起纽带作用的关键人物（每个人都是某个方面的关键人物）是必不可少的。队员间对彼此的了解会提高整个团队的沟通效率。相反，主观上的自我封闭、认知差异以及客观上有效信号与

正常交流方式的缺乏，都会妨碍沟通。

（6）如何看待队员和自己

①人都是可以静下来，被自己感动的。无论什么性格的队员，都在努力让自己变得更好，都有成长的愿望。

②团队中应该有几个能带动整个团队的核心人物，这样团队才能变得有凝聚力，没有核心的团队是很容易变松散的，或者从来就没有凝聚过。

③每个人的表达方式不同，内向的人的心思本来就不易被人看出来。

④我没有从队员那里寻求认可的企图，因此在此次带队过程中，我比以往要轻松很多，我是享受带队过程的。虽然我也会犯错，有时候甚至一错再错，但我似乎没有难过，也没有丧气，只是下定决心要继续学习。

⑤当某些事不能称心如意时，我没有去调整，而是选择抱怨。我喜欢走捷径，以为这种方法省事，但事实证明，投机取巧的人会吃大亏，老实做人，踏实做事，生活是不会亏待你的。抱怨并不能解决问题，只会影响自己的心态和做事的效果。

⑥我难道要让队员们一直留在这里配合自己，然后沾沾自喜地说一声"看我多棒"？何必这样呢？其实，我可以对自己有更客观、更公正的评价，不能只依据别人的表现而否定自己。别人的评价是很重要的参考，但我自己心中也要有一杆秤，既看到自己的不足，又欣赏自己的努力。

⑦其实，每个队有每个队的特点，我只想着达成目标，却忽视了队员当前的状态。我过多地关注他们没有做到什么，却忽略了很多应有的美好，这样是得不偿失的。情况本来就是复杂多变的，不变的是我们一如既往的陪伴，陪伴自己，陪伴队员。

⑧我要尽力而为，和队员一起探索自己，在探索过程中或许会发现自己的不足，但那又怎样呢？那代表着自己又有成长的空间和机会了，这是多棒的一件事情呀。

⑨失误是在所难免的，我们所要做的是好好准备，尽量减少失误。无论在带队时还是在做其他事情时，我们一定都会遭遇各种不如意，但我们要坦然，要接纳。教练的状态对队员会有很大的影响，因此教练要稳住自己，相信自己，相信我们的项目。

（7）如何运用于生活

①我们没必要像小孩子那样渴望得到他人的认可，我们可以慢慢长大，看到自己，欣赏自己，简简单单地做好自己，这比什么都重要，我们也会变得更轻松。

②我们不能总是因为不好的结果而责备自己，而是应该欣赏自己当时的努力，发现自己的成长。我们应该学会放下那些没有意义的期待和标准，真实地活在当下，对自己多一些敏锐的觉察。很多事情即使我们现在还没有做到，但是，只要我们在努力，在坚持，那就可以了。

③我的学习和收获是，要记得和自己的心待在一起，它会提醒自己不要被情绪蒙住眼睛，要学会觉察自己的感受和情绪，从而以更好的方式去审视我们的处境。

④当我懈怠时，我会静心自省，思考到底是什么阻碍了我。我会经常提醒自己：以后在带队时，尽心就好，经验不足是必然的，但是不要否定过去，因为它们丰富了我们的经验。

⑤我对内心最柔软的部分是有偏见的，觉得要保护好它，不能让它受到伤害。其实那才是成长中最需要面对的部分，它时刻都在，我们不是万能的，不可能在任何条件下都能对它采取周密的保护措施，我们总有不设防的时候。因此，我们要接纳它。生命给我们这些，一定有它的道理，说不定这就是我们人生中的课题。拥有这些，我们才会活得坦然，不会因为外界的意想不到的信息，而让自己状态失衡。

（四）我和我的爸爸妈妈

1. 总目标

第一，加强队员之间的联结，引导团队能量流动。

第二，队员与父母建立联结，并思考与父母的关系。

第三，队员提升与父母的亲密感，并讨论如何面对与父母的差异。

2. 教练定位

从第四次活动开始，我们进入关于父母和家庭的话题。教练应当为队员营造充满安全感的氛围，并进行适当的引导，让队员渐渐敞开心扉。当团队的动力逐渐形成之后，教练应给队员更多的主动权。

3. 带队心法（内心状态的准备）

第一，真诚与爱是让队员敞开心扉的催化剂。

第二，如果可以，教练最好跟着队员的感觉走，因为他们的体会最深刻，他们找到的主题才是最适合他们的主题。

第三，教练在平时应注意积累自己与父母之间的故事，在带队时可以与队员分享。

4. 带队节奏（知所先后，则近道矣）

本次活动让大家处于安静、深入状态的时间比较多。捉蜻蜓是小游戏，用来调节气氛。在整个过程中，教练应该注意观察队员的状态，及时让队员休息、放松。教练可以多准备几个轻松的小游戏。"感恩的心"这个项目可能持续时间很长，教练可以安排中场休息。

5. 活动流程

我和我的爸爸妈妈上半场

- **活动目标**：活跃气氛，建立安全感和亲密感。
- **教练定位**：引导者、项目布置者、体验者、分享者。

项目一：开场白（配备视频）

时间	5分钟。
项目目标	热场，让队员渐渐熟悉、放松。
教练定位	引导者。
活动器材	无。
项目布置	1. 教练向队员问好：相隔一周之后，又见到大家，真好！ 2. 说明未到场队员的情况。
注意事项 （项目布置要点）	无。
回顾引导	通常不设置回顾引导。

项目二：行走与分享（配备视频）

时间	30分钟。
项目目标	1. 学会觉察自己与周围的世界，和自己内心深处建立联结。 2. 人与人之间建立联结，向别人分享自己。
教练定位	引导者、体验者。
活动器材	舒缓的背景音乐、空旷的场地。
项目布置	1. 首先让大家在场地内随意走动。参考的指导语有： （1）走动的时候感受自己步伐的节奏。 （2）感受自己的呼吸。 （3）看周围的每一个摆设，感受它们，和它们打个招呼。 （4）看看周围的伙伴，给他们一个微笑。 （5）感受内在：自己现在心里的感觉。 2. 回顾一星期以来发生的事情，以及这些事情给自己带来的感受。参考的话题有： （1）最近一星期发生的开心的事。（事+感受+发现） （2）最近一星期发生的有些悲伤的事。（事+感受+学习+决定） （3）最近一星期最想感谢的人。（人、事+感受+学习+决定） （4）最近一星期对别人的欣赏。（欣赏+感受+学习+决定） （5）最近一星期自己做的最有意义的一件事。（事+感受+学习+决定） （6）最近一星期对自己的欣赏。（欣赏+感受+学习+决定） 3. 让一名队员进行分享，注意限定分享时间。参考设定：每轮分享时间约6分钟，可以根据具体情况设置和调节。 4. 队员分享完后，向小伙伴道别，然后继续随意走动。指导语参见步骤1。 5. 该项目一般进行3～4轮，每轮建议和不同的小伙伴进行分享。对于话题的选择，建议不要把负面的话题放在第一个或最后一个。 6. 最后一轮分享结束后，教练让大家继续在场地内随意走动一会儿。参考的指导语有： （1）注意力回到自己的呼吸与步伐节奏上，感受与刚来时的不同。 （2）感受内在，并体会与之前相比的变化。

续表

项目布置	（3）观察周围的环境，感受它们。 （4）看看周围的伙伴，体会现在和他们在一起的感觉， （5）感谢这个过程所有的感受，感谢这个星期以来的自己，感谢我们所做出的努力，感谢身边的每一个伙伴，感谢我们能够在这里再一次相聚。 （6）最后，请大家给周围的小伙伴打声招呼，报以微笑，如果可以的话，请给身边的伙伴一个拥抱。
注意事项 （项目布置要点）	1．队员在分享前，要和伙伴问好，分享完一件事之后，要和对方说"再见"。 2．队员再次分享的时候，换另外一个伙伴。 3．在分享时，队员要先分享开心的事，之后再分享有些悲伤的事（建议最后再回到开心的话题）。 4．教练注意限定分享时间。
回顾引导	完成第一次活动之后，教练可以组织一次分享和反馈，看看大家对这个活动的感受是怎样的，并征求大家意见：以后每次活动是否都进行这个环节。

图4-20　行走间，把一周的故事分享与你

项目三：聊天室（备选）

时间	30分钟。
项目目标	1．学会觉察与分享。首先和自己内心深处建立联结，然后与他人建立联结，并向别人分享自己。 2．活跃气氛，在互相分享中加强彼此间的联结。
教练定位	引导者、体验者。
活动器材	舒缓的背景音乐、棒棒糖。
项目布置	首先让大家随意抽取一个棒棒糖，抽到相同口味棒棒糖的两名队员在一起分享一个话题，3分钟后换分享伙伴。分享的话题可以有以下几类： 最近一星期发生的开心的事。（事+感受） 最近一星期自己做的最有意义的一件事。（事+感受+学习+决定） 最近一星期对自己的欣赏。（欣赏+感受+学习+决定） 最近一星期对别人的欣赏。（欣赏+感受+学习+决定） 最近一星期发生的有些悲伤的事。（事+感受+学习+决定） 最近一星期最想感谢的人。（人、事+感受+学习+决定） 注：这个活动类似于"行走与分享"，两个活动教练都可以让队员体验，看看大家对这两个活动的感受是怎样的，以及哪种形式更适合大家。
注意事项 （项目布置要点）	提醒队员每次分享的对象都要不一样，尽量让队员之间有更多的交流和接触。
回顾引导	通常不设置回顾引导。

项目四：我所了解的父母（配备视频）

时间	20分钟。
项目目标	敞开心扉，真诚分享。
教练定位	引导者、参与者。
活动器材	无。
项目布置	邀请队员分享自己填写完表格"我所了解的父母"之后的感受。
注意事项 （项目布置要点）	1．教练可以首先示范，分享自己的感受。 2．队员分享或不分享都是可以的，他们只要填写过这个表格，就已经与父母建立了联结。如果他们愿意分享自己的感受，教练当然要鼓励，如果不愿意也没关系。
回顾引导	通常不设置回顾引导。

图4-21　一说起我的父母……

项目五：即兴表演（配备视频）

时间	20分钟。
项目目标	1. 体验即兴表演与团队配合的乐趣。 2. 增进队员之间的亲密感。
教练定位	引导者。
活动器材	无。
项目布置	项目描述： 1. 教练让大家围成一圈，并简要介绍项目规则。 2. 热"声"环节，让每个人尝试发出一种声音（任何无意义的声音），如咕咕、呲…… 3. 教练可以邀请一名队员和自己一起演示一下"零部件"之间的即兴配合，以确保大家了解规则。 4. 将大家分成4人左右的小组，每个小组分别进行尝试。 5. 所有人自发决定顺序，组成整个团队的"大机器"。 规则描述： 　　只有各个零部件之间有机配合，一台机器才能良好地运转起来。每个队员都代表一个零部件，队员们自主决定顺序，依次摆出自己所代表的零件，他们的造型和动作决定了这个零件的形状和运作方式，并且他们要模拟机器运作所时发出的声音。队员要即兴做出有规律的动作并发出相应的有节奏的声音，并保持着直到整个团队组成一台运作良好的机器。第一个做出动作的人可以随意发挥，而之后加入的"零件"要与已有零件配合好，最后组成一台属于自己团体的独一无二的机器。

续表

注意事项 （项目布置要点）	1. 在活动前，队员不能事先讨论，而是根据自己的想法即兴发挥。 2. 教练注意限定时间。
回顾引导	通常不设置回顾引导。

图4-22 滴答滴，滴答滴，滴答……

我和我的爸爸妈妈下半场

• **活动目标**：深入父母主题，感恩父母，孝顺父母。

• **教练定位**：引导者、分享者。

项目六：感恩的心（配备视频）

时间	30分钟回想+50分钟分享。
项目目标	感恩父母，体会如何去面对父母的期待，如何更好地爱父母。
教练定位	引导者、分享者。
活动器材	纸、笔。
项目布置	所有人： 1. 利用10分钟的时间回想并记录：这么多年来父亲为我做了什么？ 2. 利用10分钟的时间回想并记录：这么多年来母亲为我做了什么？ 3. 利用5分钟的时间回想并记录：这么多年我给父母带来了多少麻烦？ 4. 利用5分钟的时间回想：我为父母做了什么？ 完成之后，分享讨论：在刚刚的过程中我有什么感受？有哪些新的决定？
注意事项 （项目布置要点）	营造安静的氛围，可以以轻音乐为背景。

回顾引导	本项目中可以使用的问题： 1. 在这个活动里，你体会最深的是什么？ 2. 父母做的最让你感动的事是什么？ 3. 你的理想是什么？父母最想让你做的是什么？ 4. 当你和父母的想法不一样时，你是怎么解决的？（探讨你和父母之间的差异及解决方法）你对父母有哪些期待？应该如何更好地爱父母？

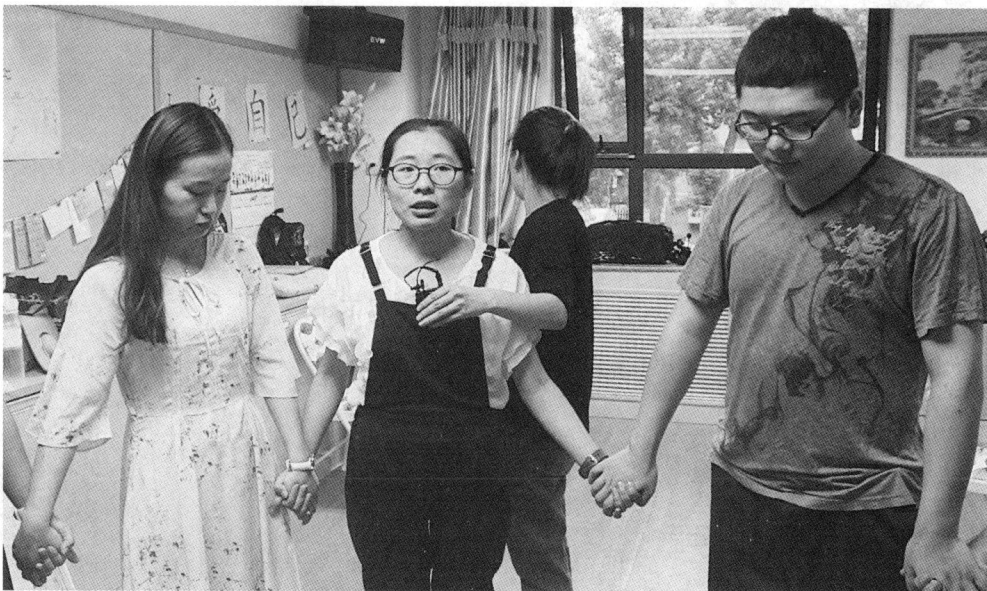

图4-23　泪水滑落，感恩留在心间

项目七：给父母的信

时间	30分钟。
项目目标	进一步加强队员与父母之间的联结，点出"孝"的主题。
教练定位	项目布置者、参与者、分享者。
活动器材	信纸、信封、笔。
项目布置	给队员发放信纸、信封和笔，让队员给父母分别写一封信。
注意事项 （项目布置要点）	如果时间允许的话，教练可以让队员当场给父母写信，因为他们回去之后可能会忘记写或者不认真写。
回顾引导	通常不设置回顾引导。

项目八：讲述"我的家族故事"

时间	5分钟。
项目目标	增强队员与家族之间的联结。
教练定位	项目布置者。
活动器材	无。
项目布置	请大家收集自己家族的资料，准备讲述自己家族的故事： 1. 我的家族是一个怎样的家族？ 2. 我的家族经历过哪些重要的变迁？ 3. 我的家族中有哪些重要的人和重要的事？ 4. 我的家族中最让我觉得自豪的是什么？ 5. 当我知道这些家族故事之后，我的体会是什么？
注意事项 （项目布置要点）	营造安静的氛围，可以以轻音乐为背景。
回顾引导	通常不设置回顾引导。

注意：带队结束后，教练要发放"活动效果调查表"，并让队员当场填写，然后回收，根据队员的反馈做好反思工作。

6. 教练带队感悟

（1）当教练遇上队员

①队员的状态决定了他们所能接受内容的深度，教练要学会变通。易则变，变则通，通则久，这是我要学习的课程。

②每个人被震撼或者敲开心扉的时间真的不同。在上一次活动中，团队中的大多数人都被打动、被震撼、被感染了，但BB和MM却没有受到触动。而这一次绝大多数人没有感受到上一次的震撼，而她俩却"心动了"。

③这个团队达到了目前为止最好的状态。我终于见识到了队员分享时的那种自然流露。从队员的分享与反馈中我也感受到了真诚和信任。听队员们谈论他们在成长训练营的收获是我感到最幸福的时刻。他们的坦诚分享改变了我对他们的一些看法，让我认识到每一个生命都是丰富的。

④这批队员似乎都比较慢热。在最后一次活动中，大家的参与度都很高，彼此之

间变得更加熟悉，互相的反馈和支持也多了。

⑤所有队员都很友善，愿意并能够深入思考。队员之间建立了联结，团队氛围变得很融洽，但个别队员尚需要时间完全融入。

⑥他们渴望学习，渴望探讨，渴望成长。对于好经验和好想法，大家都很敏感，也都乐意去学习。当然，他们自身的想法也很多，所以对事物的看法也都很深刻。教练需要做的是多加引领，让他们得到自己想要的东西。

（2）项目布置

项目布置方面的感悟如下：

①队员很有可能会忘记写信，所以教练要提前两天提醒队员。

②教练可以在第三或第四次活动之前提醒大家身上还肩负着守护天使的责任，以便大家在"守护天使"中能有更多的感受与大家分享。

（3）项目引导

项目引导方面的感悟如下：

①让队员分享自己给父母所写信的内容可能比较难。如果队员中有人自愿分享最好，若没有人愿意分享，教练就要示范了。

②如果某个队员没有写信，教练可以让他酝酿一下，然后现场跟大家分享，这样可以让每个人都参与进来。

③我们要感谢队员的任何分享，不管是积极情绪的分享还是消极情绪的分享。我们在鼓励队员分享积极情绪的同时，也要允许队员适当发泄消极情绪，并呼吁大家给予他支持。

④"盲阵"的分享环节，我觉得不是很成功，原因应该是我们想给队员的太多了，我们想在如此短暂的分享时间内把我们所认为的好东西都塞给他们，可事实证明，这样的效果并不好。在分享时，我们应该让队员自由探索，找到他们认为需要深入讨论的点，因为他们需要的才是最好的。

⑤盲阵在"让他们针对话题"中的分享讨论环节，队员们分享的内容与活动中的

体验有些脱节，但我还是尊重他们，并引导他们从体验中挖掘学习内容。

⑥引导很重要。队员可能正处在黑暗的山洞中，教练需要引导他们找到山洞的出口——有光亮的地方。

⑦当教练不知道自己该给队员什么建议的时候，就说自己的感受吧。

（4）有关教练

①教练要审时度势，依据团队的情况来决定每次活动的重点。我感觉这次我在营造安全感方面花费的时间太多，其实队员的安全感已经足够。

②我们认为重要的问题不一定是队员们急需解决的问题。如果他们认为自己和父母相处没有问题，就很难把这个话题深入讨论下去。如果队员对这个话题不感兴趣，教练就没必要勉强。

③我到底为什么要带队？难道就是为了证明自己已经具备带队的能力？不是的。自从和队员们相处以来，真正让我有所收获的，不是看到了自己多有能力，而是看到了自己一点点的进步。任何赞美都不如看到自己成长更有价值。

（5）带队准备

①一颗强大的心应该能应对各种突如其来的变故吧。处变不惊，不仅指表面上不露声色，还指内心能承受各种意外情形，并予以接纳。

②对于迟到和缺席的问题，我觉得教练在招新时就应该予以强调，并说明它们所导致的后果，如无法参与其中的活动项目，无法获得直接体验，或者会影响整个活动进程，等等，让队员从一开始就深刻认识到迟到和缺席的危害性。

（6）如何看待队员和自己

①以前我不喜欢某个队员，觉得他实在是太自我了，后来慢慢觉得他其实也挺好的。我觉得我以前不够接纳，喜欢随意给别人贴标签，其实不接纳会导致不自由。因为不接纳，所以会有冲击，有了冲击，就会受它影响。放开拳头，其实更自由。如果我们善于接纳，内心就会释放更多空间，从而更好地去思考。有时候我们会觉得心有余而力不足，事实上，那是因为我们内心的负荷太大，无法轻

松地去思考。

②以前很沉默的一个队员在这次活动中放得很开，那是因为他觉得自己足够安全了，别人是可以信赖的。其实，我们应该放开自己，无须有太多的顾虑、太多的想法，只要简单地表达自己就好。

③只有认真去改错，为自己负责，让自己成长，我们才能越来越相信自己内在的力量。我们只有不断地肯定自己，才会变得更自由，也才会活得越来越轻松。其实，每个人的内心就是一张白纸，如果没有污渍，那最好不过，如果被不经意地划了一下，我们也不要伤心、懊恼，怨恨那支笔把自己毁了，从而讨厌自己。我们可以通过自己的努力，用其他笔把那道划痕画成一幅画，为白纸增添更多的色彩。如果不是那个划痕，白纸上可能永远不会有那幅美丽的画。

④教练应时刻保持警觉的心，不要把生活中一些不太好的习惯带入团队中，以免影响带队效果。

⑤教练的状态会影响自己的分享效果和整个团队的氛围。教练既要让自己投入，又要保持内心的平静。只有自己的内心是安全的、平静的，教练才能给队员最好的反馈。这点不仅仅是带队上的收获，也是我和朋友在相处时要努力去做的。做好自己，保持平和的心态，才能给他们最大的支持。

⑥我相信，只要在场的人，面对这种真诚的分享，内心多少都会受到一些触动。我对队员有了许多新的发现，我也乐于分享我的故事和我的感动。我能感受到，当我真诚地对待队员时，他们也变得更加真诚和有安全感。

（7）如何运用于生活

①当我们痛苦时，别人或许可以给我们一些安慰，但力量的源泉还是我们自己，去面对问题、解决问题的也还是我们自己。

②在和队员交流分享时，我深刻地体会到"可怜天下父母心"这句话的含义。父母的表达方式不同，爱子女的方式不同，但他们都是在尽自己最大的努力来呵护我们。曾经的我们或许不喜欢父母的做法，但有一天，当我们看到那份沉甸甸的爱后，

我们不再抱怨，只有感恩。父母给我们的够多了，我们是时候去关心他们了。

③父母、家庭真的是太重要了。父母是我们的根，我们只有和父母建立联结，才能感到安全，才能呈现生命的力量和不一样的美。

（五）我的家族故事

1. 总目标

引导队员与家族建立联结，使他们感受到自己背后的家族力量。

2. 教练定位

引领者（由于之前活动的铺垫，队员们的开放度一般已经足够，教练只需要引领队员们回到以前的状态，然后再把主动权交给他们即可）。

3. 带队心法（内心状态的准备）

教练的状态很重要，也很微妙。本次活动一般由教练首先做分享。教练在分享时的开放度和真诚度对之后队员的分享有很强的引导作用，所以教练应先消除自己心中的紧张感和焦虑感，真诚大方地跟队员分享自己的故事。

4. 带队节奏（知所先后，则近道矣）

本次活动中需要活动的环节比较多，队员们可能会因为站得太久感觉比较累，因此教练要注意把握好节奏并适时组织休息。在分享活动中，教练依然要注意观察队员的状态，若队员出现走神的现象时，教练就要及时安排休息或穿插一些轻松愉快的小游戏。

5. 活动流程

我的家族故事上半场

• **活动目标**：活跃气氛，让队员渐渐回归团队，再次体验合作的乐趣，增强安全感、亲密感和信任感。

• **教练定位**：引导者、项目布置者、参与者。

项目一：开场白（配备视频）

时间	5分钟。
项目目标	热场，让队员渐渐熟悉、放松。
教练定位	引导者。
活动器材	无。
项目布置	1. 教练向队员问好：相隔一周之后，又见到大家，真好！ 2. 说明未到场队员的情况。
注意事项 （项目布置要点）	无。
回顾引导	通常不设置回顾引导。

项目二：奥斯卡表演（配备视频）

时间	35分钟。
项目目标	热身，营造欢乐气氛，让队员更加放松。让队员之间建立起友谊。
教练定位	项目布置者、参与者。
活动器材	写好表演内容的纸条（按类分好）。
项目布置	1.教练事先写好一些纸条，并对纸条上的内容进行分类，如表情状态类、成语类、歌词类等。每一类内容的纸条数约比队员总人数多3张。纸条上的内容分为几类，就可以进行几轮游戏，游戏内容最好由易到难。 2.让队员们坐在椅子上，围成一段圆弧，使大家都能看到圆心所处的位置。此项目就是让队员轮流为大家表演出纸条上所写的内容，并让其余队员猜。在此过程中，表演者不能说话，不能对口型，只能用肢体、表情传达信息。猜的队员可以提问，但表演者也只能用表情或肢体语言来回答。为了公平并使游戏更有趣，教练可以让队员在表演前自己抽纸条。

续表

注意事项 （项目布置要点）	如果队员不会表演纸条上的内容，教练可做出提示。如果队员实在不会，教练可以让他邀请一名队员和他共同表演。
回顾引导	通常不设置回顾引导。

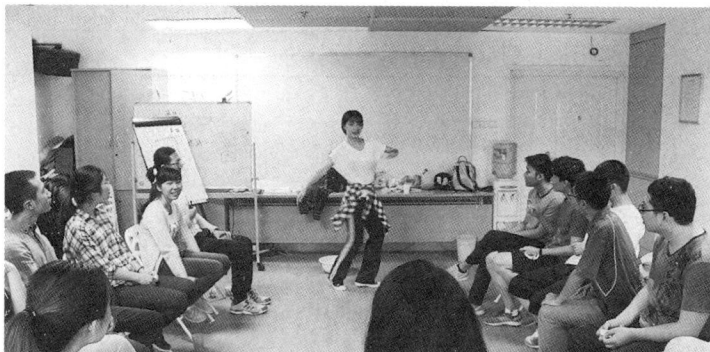

图4-24　我的奥斯卡

项目三：过河（配备视频）

时间	35分钟游戏+15分钟分享。
项目目标	体验团队合作的乐趣。
教练定位	项目布置者。
活动器材	泡沫板、两条绳子、写有不同角色的纸条。
项目布置	项目描述： 　教练向队员说明：请大家把从门到窗户间用绳子隔出的一段区域想象为河。大家要一起过河，过河的工具就是5个泡沫板（或依据具体情况而规定泡沫板数量）。队员的脚不能离开板子，否则板子会被河水冲散。队员中有些是健全人，有些是残疾人（盲人、只有一只左腿的人、只有一只右腿的人、没有双臂的人）。残疾人由抽签决定。大家要在有限的时间（如30分钟）内成功到达河对岸。 　规则描述： 　1. 队员的脚如果不小心踩到了板子外面，掉出来一次就要扣去1分钟过河的时间。 　2. 从开始讨论到正式开始过河都要计时。 　3. 在教练描述规则前，队员们就要进入自己的角色状态（盲人带上眼罩）。

续表

注意事项 （项目布置要点）	1. 注意安全。 2. 教练可以选择增加时间或增加泡沫板数量来降低难度。同理，如果过河进行得太过顺利，教练可以选择减少时间或减少泡沫板数量来增加难度。 3. 两条绳子隔出来的"河"一定要足够宽（队员们无法跳过去）。
回顾引导	可以采用核心引导模式。

图4-25　一个都不能少

我的家族故事下半场

• **活动目标**：话题从与家庭的联结过渡到与家族的联结，由近向远渐渐追溯，使队员感受到背后的家族力量。

• **教练定位**：引导者、分享者。

项目四：全家福（配备视频）

时间	20分钟画全家福+20分钟展示与描述+20分钟分享讨论。
项目目标	回忆我与父母的故事，与父母建立联结。
教练定位	引导者、分享者。
活动器材	彩纸、彩笔、铅笔、橡皮。
项目布置	1. 发给队员彩纸和彩笔，请大家画出自己心中父母和家的样子。 2. 邀请队员依次展示并简要介绍自己所画的全家福。 3. 队员们一起讨论自己在绘制全家福时的发现和感悟。

续表

注意事项 （项目布置要点）	1．教练注意时间的把控。 2．分享很容易超时，一般只能分享完一两个问题，所以教练应选择最有意义的问题让大家分享。 3．若没有队员想第一个展示，教练自己可以先示范，示范时应注意展示内容的深度和方向。
回顾引导	可以选择的话题如下： 1．在画全家福的过程中，我最大的发现是什么？ 2．听了大家的回顾后，我印象最深的是什么？ 3．想到家人，我觉得让我欣慰的是什么？ 4．想到家人，我最想感谢的是谁？

图4-26　我的爱，我的家

项目五：家族故事（配备视频）

时间	40分钟。
项目目标	讲述家族故事。
教练定位	引导者。
活动器材	白板、海报纸、笔。
项目布置	请队员分享自己的家族故事，可以采用以下形式： 1．每一名队员都在大组里分享自己的家族故事。 2．两两先讲，讲完之后，每个小组选一个人讲对方的故事。 3．四人组分享自己的故事，讲完之后，选一个人讲别人的故事。 主要内容：祖籍，怎样分布，怎样迁移延续，家族中对我最重要的几个人，哪些事情对我的家族影响非常大。

续表

注意事项（项目布置要点）	请在前一次活动结束时告诉队员去询问自己家族的故事。
回顾引导	可以采用核心引导模式。

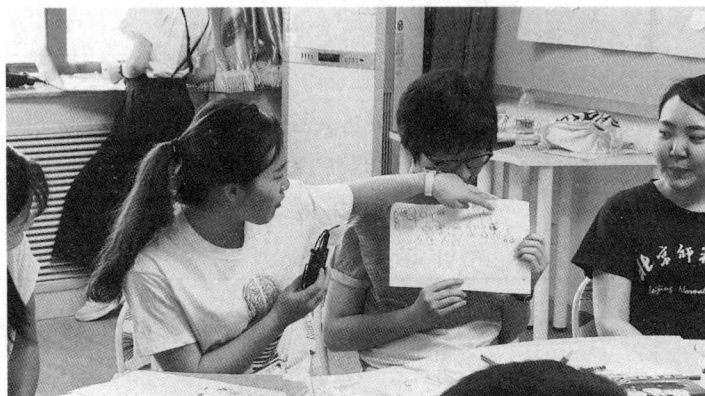

图4-27　家族的人口真不少

项目六：布置守护天使的信

时间	5分钟。
项目目标	体会关爱与被关爱的幸福感。
教练定位	项目布置者、分享者
活动器材	信纸、信封、笔。
项目布置	请大家写两封信，一封写给自己守护的人，一封写给自己。
注意事项（项目布置要点）	提醒大家下次活动时带着信来。
回顾引导	通常不设置回顾引导。

注意：带队结束后，教练要发放"活动效果调查表"，并让队员当场填写，然后回收，根据队员的反馈做好反思工作。

6．教练带队感悟

（1）当教练遇上队员

①在分享时，教练要尽量先让队员分享，这样可以给他们更多的自由。选择第一个发言者时，教练最好选择性格开朗、愿意跟大家分享的队员，以缓解之后队员的紧张情绪。

②一些队员在轻松的环境中才能更好地表现自己，他们在分享时比较被动，那是因为他们有压力，因此，教练要充分尊重他们的感受，为他们做出示范，让他们觉得其实分享并不是一件特别难的事，只是说说自己的感受就好。

③在整个活动过程中，大家都很开心，很快乐，空气中洋溢着欢乐的气氛。我意识到，每个人的内心都有愉快和友好的一面，我们需要做的是把他们友好的一面引导出来。

④他们是一群有故事的人，他们在成长过程中经历过一些别人没有经历过的事情。他们的经历听起来就像小说中或者电影里的故事，但是它们又确确实实发生在我面前的这群队员身上。我很佩服他们，也很感谢他们的分享，我觉得他们是我的榜样。他们的分享会带给我一份勇气，让我勇敢面对未来道路上的困难。

（2）项目布置

项目布置方面的感悟如下：

①"大树与小松鼠"这个游戏可以很好地激发大家的热情，可以多玩几轮。玩的时候，教练要让大家站得稍微分散一点，那样不易发生碰撞。

②小项目可以不设置惩罚环节，若设置了惩罚力度也要比较温和，让大家都能做到。设置了惩罚环节就要兑现，否则会引起一些队员的不满。

（3）项目引导

项目引导方面的感悟如下：

①教练在布置队员写信之前最好讲些话做铺垫。

②我以后应当把主题活动之后的讨论称作"分享"，因为我们的主要目的是一起分享自己的经验，而不是解决大家的疑惑或问题。

③单亲家庭的队员介绍全家福时有点伤感，当他们不知道如何面对时，我采取了默认他们不发言的办法。有的队员担心自己画的画不好看，我就鼓励他们画出自己心里的画面就好。

（4）有关教练

①教练在示范分享时，要忘记自己教练的身份，把自己当作他们其中的一员去真

诚分享。在分享时教练要注意自己分享的内容，因为之后的队员在分享时可能会顺着这个方向走。

②教练在带队时做最真实的自己就好，不要紧张，因为紧张会妨碍带队效果。紧张时，可以告诉自己：放轻松，展现自己的个性就好，不求完美，但求真实。

③教练在紧张时可以让大家休息一下，也让自己休息一下，然后以一个轻松的状态去迎接每一个环节。

④用一种和队员一起成长的心态来带队，教练就能体会到带队过程中的感动和感恩。

⑤教练可以把自己捕捉到的队员比较逗的一面分享给大家，这样既能活跃气氛，又能让队员间的关系更密切。

⑥教练要把握好带队的规范性和灵活性，使二者达到一个平衡。教练在带队时既要遵守基本的框架和规范，又不能太死板。教练一定要对发生的事情了如指掌，不能被队员牵着走而不自知。

（5）带队准备

①队员的画中有很多东西值得回味，如一家人在一起的那种温暖和惬意。有些队员的家人可能已经不在了，所以当看到他们画出的全家福时，我感到有些心痛。失落和痛楚在欲言又止中悄悄流露出来，但是，家，始终是最温暖、最有力量的地方。

②教练不能只是简单地让队员感到快乐，更重要的是帮助队员去成长。成长过程不会是一帆风顺的，人们必然会经历挫折。教练真正要做的是，在队员需要帮助的时候，去鼓励他，帮他看清自己。

③这个队给我的感觉就是很团结，很像一个整体。一个人有疑问，大家一起解决；一个人没有来，大家都很关心。

④教练应该接纳队员的不认真，并从自己身上找原因。如果队员一切都能做得很好，他们也就不会来成长训练营了，他们正是需要成长才来到这里，作为教练，我们应该宽容和善于接纳。

⑤我认为家庭是每个人的根本。不管队员愿不愿意提及自己的家庭，我们都要让队

员明白家庭对于一个人的重要性。我想，这就是当初我们设计这个活动的初衷吧！

（6）如何看待队员和自己

①教练如果做示范分享，很容易就会激起队员们相似的体验，限制住队员们分享的方向。但我觉得，示范还是有必要的。当队员分享得不够深入时，我们可以引导他们进行深入分享。当然在分享前我们应当给队员一些时间去思考，让他们在不受外界影响的情况下想想自己的体会，然后再在大组分享。

②有的队员说，自己有时就像被爸妈遗弃的孩子，感受不到他们的爱，经常被父母伤害。当我听到"没有人教他们怎样去做父母"这句话的时候，我似乎有种醍醐灌顶的感觉。做父母的过程和其他的学习过程应该是相似的：犯错—知错—改错—成长。伤痛确实会存在，但是包容才是正确可取的态度。

③虽然对于队员的中途退出我是有心理准备的，但是当队员真的要离开时，我还是觉得挺遗憾的。在接到队员的短信时，我的脑海中闪过的想法是：是不是这里的活动不够吸引她？是不是我带的队不够好，没有达到她的预期？后来我又想，其实每个人都有自己的选择，他们会去选择他们认为更重要的事情。他们留下也好，离开也罢，自己都是要继续带好队的。我只要把自己该做的尽力去做就行了，又何苦把队员的去留作为评价自己好坏的标准呢？这样想来，自己也就轻松了很多。

④我把自己放在了比队员高的位置上，或许在某些方面我比队员知道得多一些，但是在人性与生命经验这一方面，每个人都是丰富多彩的，我们都是一座宝藏。我要学会尊重。其实相似的人很多，如果我们只活在自己的世界里，我们就只看得见自己，那么在经历痛苦时会尤其煎熬，总以为全世界只有自己是这样的。通过这个活动，队员们应该发现了自己并不是孤独的，并不是一个人在战斗。

（7）如何运用于生活

①抱怨并不能解决什么问题，只会影响自己的状态和之后做事的效果。后果严重时再去调整，是要费很大工夫的。生活是公平的，你对待事情的态度决定你做事的结果。

②有安全感的人的生活目标是追求幸福，没有安全感的人的目标只能是维护自己

的安全感，其中高下，自可分辨，哪种划算，自然明白。而拥有或增强安全感的最好、最根本的方法就是处理好与父母、与自己的关系。我们每个人都有三座天然的爱的宝库，父母是两座，自己是一座。如果我们挖掘好了这三座宝库，就一定会感到充满爱，充满安全感。如果不能挖掘好这三座宝库，我们只能到处去乞求，去全世界寻找爱，甚至常常处于一种讨好的姿态。

③如果我们仔细观察生活中的事物，就可以不断发现美好。家人也是一样，父母没有理由地爱着我们，但或许是因为太平常，所以我们更容易忽视掉其中的美。仔细品味，和家人在一起的每一分每一秒都是快乐的。对此，人们应该感到珍惜。

④我的学习和收获是，要记得和自己的心待在一起。它会提醒自己不要被情绪蒙住眼睛，要学会觉察到自己的感受和情绪，平静而清晰地去处理我们的处境。

（六）结营

1. 总目标

第一，学会自我反省和自我觉察，学会为自己负责。

第二，对在五次活动中的收获进行总结，同时转化分离焦虑。

第三，体验团队凝聚力，增强团队意识，提高团队合作技能，升华团队合作成就感和幸福感。

第四，对学习进行总结和提炼，并分享如何把所学应用于生活中。

2. 教练定位

引导者、参与者、项目布置者、分享者。

3. 带队心法（内心状态的准备）

面对分离，无论有什么情绪都是被允许的，我们要把分离看作正常的事情。

当出现自己始料不及的事情时，我们不要慌张，要学会利用集体的力量，带领大家回顾到底发生了什么，相互核对，没有必要跳出来自己解决个别同学的问题。我们要学会接纳，尽量避免情绪，尽量理解他人的做法。

4. 带队节奏（知所先后，则近道矣）

这一期的活动氛围是比较温馨的，我们可能会聊一些其他的话题，但要注意时间的把控，尤其是跑题的时候。

5. 活动流程

结营上半场

• **活动目标**：加强队员之间的联结，使彼此更加熟悉。

• **教练定位**：引导者。

项目一：开场白（配备视频）

时间	5分钟。
项目目标	热场，表示欢迎，引入。
教练定位	引导者。
活动器材	无。
项目布置	1. 教练向队员问好：相隔一周之后，又见到大家，真好！ 2. 说明未到场队员的情况。 3. 和大家随意聊聊。
注意事项 （项目布置要点）	热场很重要，良好的开头会更加完整，可以更好地调动队员的积极性，所以教练不要匆匆开始。
回顾引导	通常不设置回顾引导。

项目二：大树与小松鼠（配备视频）

时间	15分钟。
项目目标	热身，营造欢乐气氛，使队员更加放松。让队员之间建立起友谊。
教练定位	项目布置者、参与者。
活动器材	宽敞、无障碍物的场地。

项目布置	项目描述： 　　三人一组，二人扮大树，一人扮松鼠。扮大树的二人相对而立，伸直双臂、抬高，手指交叉相握，组成一个简易的"介"字形房子。扮松鼠的人蹲在房子里面。整个团队余出一个人喊口令。 　　喊口令的人如果喊"猎人来啦"，扮演大树的人不动，扮演松鼠的人必须离开原来的大树，重新选择其他大树。喊口令的人也要和松鼠们抢大树，落单的人出来喊口令。 　　如果喊"风来了"，扮演松鼠的人不动，扮演大树的人必须离开原先的同伴，与其他人重新组合成一对大树，并圈住松鼠，喊口令的人同样也要立即找一个人组合成大树，并寻找一只松鼠。 　　如果喊"地震啦"，扮演大树和松鼠的人全部打散并重新组合，扮演大树的人也可以扮演松鼠，扮演松鼠的人也可以扮演大树，最后没有组合的人，接着喊下一个口令。 　　每一轮游戏都可由喊口令的人随意选择三种口令中的一种，大家根据所喊口令，做出反应。 规则描述： 　　每个人都要记住自己喊口令的次数，最后喊口令次数最多的人要接受惩罚。 　　如果队员虽然找到了组合，但其行动是错误的，那么就由犯错误的这个队员来喊口令，而不是由没有组合的人喊口令。队员人数最好为3的倍数加1。若队员人数为3的整数倍，则教练加入。若队员人数为3的倍数加2，则两人用"石头剪刀布"分出胜负，谁输谁喊口令，之后两人同时和大家抢位置。
注意事项 （项目布置要点）	清理场地，注意安全。
回顾引导	教练讲解时，可以每讲一个口令演练一次，以确保大家明白游戏规则。

图4-28　形状各异的松鼠和大树

结营中场

- **活动目标**：加强队员之间的联结。
- **教练定位**：引导者、分享者。

项目三：守护天使（配备视频）

时间	40分钟。
项目目标	拉近队员间的距离，促进队员之间的交流。
教练定位	引导者。
活动器材	鲜花、蜡烛、打火机、垫子。
项目布置	1. 心心点灯，每个人用自己的烛光点燃下一个人的蜡烛。 教练告诉大家：我们守护着别人，也会有人守护着我们，这就像一个心心点灯的过程，用自己的心灯点亮别人的心灯，将这善良之火传递下去。 2. 大家轮流读事先写好的守护天使的信，大家猜到后，由被守护的人给守护自己的天使送上鲜花。
注意事项 （项目布置要点）	一开始有些队员可能不好意思读信，那就先从愿意读信的人开始，以带动不愿意分享的队员，或者让被守护的队员下一个念，让守护一路传递下去。
回顾引导	通常不设置回顾引导。

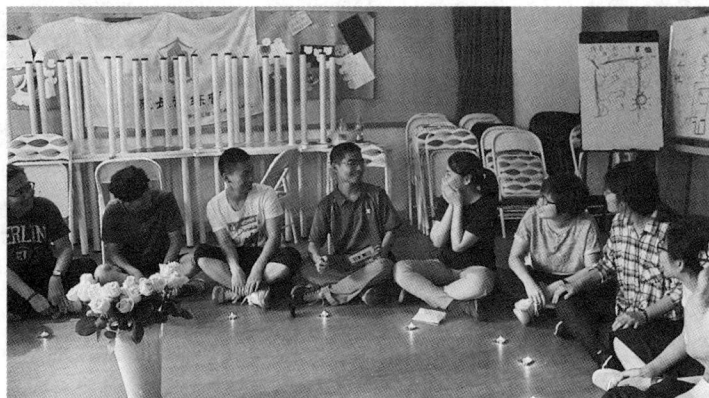

图4-29 你知道我在守护你吗?

项目四：平衡方块（配备视频）

时间	15分钟。
项目目标	热身，营造欢乐气氛，使队员更加放松。让队员之间建立起友谊。
教练定位	项目布置者、参与者。
活动器材	泡沫垫子，宽敞、无障碍物的场地。
项目布置	1. 教练将队员分成两组，分别给予若干泡沫垫子。队员将泡沫垫子拼接好，并站在垫子上。所有队员的脚和身体不能接触垫子以外的地方，否则就算本回合失败。 2. 两队用"石头剪刀布"的形式决定输赢，输的一方撤掉一个垫子（直接撤走垫子，或者把垫子给另一方），直到有人身体接触到垫子以外的地方为止。 3. 可多进行几轮游戏。
注意事项 （项目布置要点）	清理场地，注意安全。
回顾引导	通常不设置回顾引导。

图4-30　最后一搏

结营下半场

• **活动目标**：让队员学会对自己负责，掌握更多的自主权，认识到他人眼中的自己，更加喜欢自己。

• **教练定位**：项目布置者、参与者、证书颁发者。

项目五：给自己的信（配备视频）

时间	20分钟。
项目目标	使队员活出自己的精彩，让队员在多人的见证下，念出写给自己的信，感受那份感动。
教练定位	项目布置者。
活动器材	无。
项目布置	每人分享写给自己的信，最后点题——为自己负责。如果队员忘记写，可以即兴发挥。
注意事项 （项目布置要点）	1. 教练向队员强调写信的重要性，让队员写出自己通过参加活动获得了哪些成长。 2. 让队员说说最欣赏自己的地方。
回顾引导	通常不设置回顾引导。

图4-31　我和自己谈一谈

项目六：十个愿望（备选）

时间	30分钟。
项目目标	让队员对自己形成期许并设定目标。
教练定位	项目布置者。
活动器材	纸张。
项目布置	让队员们写下未来一年内的十个决定或目标。
注意事项 （项目布置要点）	建议队员们在团队中分享自己的愿望，有的队员可能不好意思念，那就先从愿意念的念起，以带动不愿分享的队员。
回顾引导	通常不设置回顾引导。

项目七：阿呆、阿瓜和阿花（备选）

时间	10分钟。
项目目标	调节气氛，活动筋骨。
教练定位	项目布置者。
活动器材	白纸、笔。
项目布置	教练事先写好两个含有阿呆、阿瓜和阿花的句子，并将队员分成两组，然后让其中一组的某个队员看句子，并隔空向自己队的队员陈述，另一组则要站在中间捣乱，进行干扰。
注意事项 （项目布置要点）	合理控制时间。
回顾引导	通常不设置回顾引导。

项目八：颁发结营证书（配备视频）

时间	5分钟。
项目目标	让队员体验用心完成一件事情的成就感，让队员有所收获。
教练定位	证书颁发者。
活动器材	结营证书。
项目布置	教练为每一位队员颁发结营证书，并合影留念。

续表

注意事项 （项目布置要点）	注意引导队员体验仪式感和成就感。
回顾引导	通常不设置回顾引导。

图4-32 我们毕业了，而且有证

项目九：小飞侠（配备视频）

时间	40分钟。
项目目标	临别赠言，为大家留下一次相互祝福的机会，也留下珍贵的纪念。
教练定位	参与者、项目布置者。
活动器材	彩纸、彩笔、胶带、剪刀、背景音乐。
项目布置	每个人选一张彩纸贴在背后，大家在每一个伙伴的背上写下自己的临别赠言，直到所有人都写完之后，才能拿下来看。
注意事项 （项目布置要点）	邀请大家每人做一个简短的总结或说一句临别赠言。
回顾引导	通常不设置回顾引导。

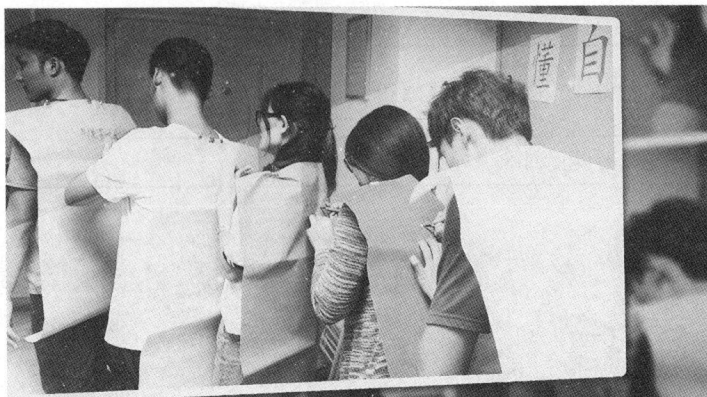

图4-33 让我轻轻地告诉你

项目十：感谢有你（备选）

时间	40分钟。
项目目标	使队员之间形成互动，加深对彼此的理解。
教练定位	参与者、项目布置者。
活动器材	无。
项目布置	让队员两两相对而立，形成两列。若队员人数为双数，则教练站在最边上聆听临近队员的交流；若队员人数为单数，则教练与一名队员分别站在队伍的首尾。大家交叉双手后握住对方的手，表达对彼此的欣赏并对彼此在这期活动中的陪伴表示感谢。每次交流时间为5分钟，之后大家顺时针移动，继续两两交流。
注意事项（项目布置要点）	注意时间的把控。
回顾引导	通常不设置回顾引导。

项目十一：真心话（备选）

时间	25分钟。
项目目标	通过团队这面镜子，映出队员们最真实的自己。
教练定位	参与者、项目布置者。
活动器材	无。

项目布置	参考指导语： 　　经过这段时间的相处，大家一起组成了属于自己的团队，一起做了许多游戏，一起完成了许多任务，也一起分享了彼此的家庭故事，想必你们心里也有许多想要对彼此说的话，接下来我们就进行一个"真心话"的活动。每位队员轮流接受其他所有人的"真心话"（顺序可以由队员自主决定，也可以按座位顺序），你可以说出这几次活动以来你对他的看法，如在你的眼中，他是什么样子的，他有什么值得你欣赏的地方，你对他有哪些不认同等，你还可以给他一些建议或者鼓励。 　　前提是你所说的必须是你内心真实的想法，它可能并不是悦耳的恭维，但一定要是你出于真心和善意想要给予对方的反馈。我们并不是想让大家去评判或论断别人是一个怎样的人，只是想让大家尝试像镜子一样，照出别人在我们眼里的样子，或者说从自己的经验出发给别人不一样的见解。每一个收到大家反馈的人都可以了解别人眼中的自己与自己想象中的自己有什么不一样，对于不同的反馈，觉得合适的可以好好收着，觉得不那么合适的，就可以先搁在一边。
注意事项 （项目布置要点）	此项目可以作为备选。注意控制时间。
回顾引导	通常不设置回顾引导。

注意：带队结束后，教练要发放"活动效果调查表"，并让队员当场填写，然后回收，根据队员的反馈做好反思工作。

6. 教练带队感悟

（1）当教练遇上队员

①虽然团队内部的纷争导致一名女队员情绪激动，不愿分享自己的收获，但我想让大家知道，我们每个人眼中的世界都是不一样的。在这里，我们可以心平气和地接受别人和我们截然不同的世界，包容理解他们的做法，即使无法理解，也要予以尊重。他人做出任何选择或决定都是可能的。

②面对性格各异的队员，我们所能做的是去接纳，去包容，去理解。当我慢慢走近他们的时候，我既看到了他们生命的广阔，又看到了自己生命的广阔。当我去接纳别人的时候，其实也是在重新认识自己，接纳自己。

③当我们去否定一个人的时候，就已经离他越来越远，以致看不到他的优点。

④在团队活动中，队员们拥有了足够的默契与信任，并建立了深深的联结。希望他们在队外也能一直有联系，一起分享彼此的成长感悟。

⑤每个人身上都有很多智慧和力量，我们所要做的是真实地做自己，然后与这群真实的人相遇。

（2）项目布置

项目布置方面的感悟如下：

①在最后一次活动中，队员们会比较开放、活泼、激动，教练在给队员自由空间的同时，要注意多把控场面。

②队员们把自己守护的对象叫作"宝贝"，我觉得这个称呼听起来不错，很舒服，也很可爱，我们以后也可以这样叫。

③"阿呆、阿瓜和阿花"有一些"血腥、暴力"，我没有把握好度，以后再做活动时要跟队员们讲清楚规则，以免出现伤人现象。

（3）项目引导

项目引导方面的感悟如下：

教练最好让每一个人都把信念了，不然会有人觉得有人不念，自己也可以不念。

（4）有关教练

教练在组织活动时既要"进得去"，又要"出得来"。

（5）带队准备

①教练要接纳每一个人的全部，并尊重他们的全部，像喜欢每棵树一样关爱着每一片落叶。

②如果说我们是一条河，当自己的私心冒出来了，我们就失去了"人性"的温暖，不自觉地就会流入一个冰冷的境地，结冰不再前行，他人的温暖也会因为与自己存在的环境格格不入而被拒绝。

③每个人都有其他人看不到的地方，他们自己如果不说出来，我们可能一直都看

不到。我们所了解的只不过是别人展现出来的想让我们了解的某一面。也许某件事就会颠覆我们对某个人的所有认识，而最愚蠢的就是带着自己的偏见去看别人。

④人与人之间的交流其实很简单，从自己的小圈子中走出来，多看看别人。所有的标准都不重要，我们要有目标，但不能把目标当成必须要完成的任务。或许最宝贵的不是讨论明白某个具体的问题，也不是得到如何与人相处的标准答案，而是真真切切地体会到爱与被爱的幸福感，体会到和他人在一起的温暖和力量。我觉得这次活动最大的意义不是告诉了队员什么，也不是让他们学会了什么方法，而是在默默地提醒他们看到自己生命中本来就有、一直都在的美好。

⑤生命有记忆的功能，它让那些美好的过往经历重新温暖我们，让我们带着这份感动和愉悦继续坚定地走下去。队员们通过参加活动明白了怎样可以把今后的路更好地走下去。我们相信生命的力量，相信那份力量会带给他们精彩。

（6）如何看待队员和自己

①我不能因为不想离别而将他们强硬地留在身边，给他们"松绑"也给自己"松绑"，让我们各自自由地向前走。其实，在一起相处的时光是一份馈赠，当下我们应珍惜每分每秒，享受在一起时的欢乐时光。当离别之时，洒脱一点，松开紧握的手，感恩曾经在一起的缘分，感恩在一起时经历的成长，带着对彼此的祝福，继续向前走。我们应当怀着感恩之心，怀着对下次见面的期待，更坚定地向前走，而不要因为害怕离别而恋恋不舍，以致忘记了我们还行走在人生路上。

②我希望队员们在分享时能够给大家带来正能量，让大家可以从分享中有所收获。

③队员们在这里收获了很多关爱、智慧和成长的力量。

④有些变化是在潜移默化中发生的，或许队员们没有说出来，但是能体验到就已经足够了。

⑤队员们虽然参与了相同的活动，但却收获了不同的成长经历。

⑥我们会在某一特定的时间相遇，但是过了这段时间，就要继续走自己的路。我

们不能抓着彼此的手紧紧不放，否则以后的生活将无法继续。我们彼此之间的缘分就是相遇的这一段，过了这一段可能就再也没有了，下一段会有不同的缘分，但我要感谢这一段缘分，因为它让我们的生活里有了温暖、感动。

⑦每个人总会在某一时刻敞开心扉，我们所要做的就是静静地等待，不给对方压力，不要求对方立刻有回应或改变，只是给予支持，给予理解，不断接纳而已。

⑧刚开始带队时，我不知所措，充满迷茫，但随着一次又一次的活动，我渐渐收获了自信。我发现自己缺乏刚性和原则，过于温和而缺乏一种力量，但我不害怕这种缺乏，因为它被注意到了，在未来我会努力改变。这一刻，和队员在一起，我真的感到很幸福。

⑨我们要试着让自己有所进步，同时，也别忘了感谢一下现在这个正在努力的自己。

⑩成长总是静悄悄的，不易被我们察觉。

⑪我不是圣人，做不到那么完美，但是我会活得更加坦荡，会越来越不计较小的得失。

⑫被爱、被接受是我们很重要的需求吧。我们越是觉察自己，对外界的索取就会越少。

（7）如何运用于生活

①我们要静静地等待自己成长，直到能够理解他人，包括父母。沟通的两个重要方面，一是表达自己，二是理解他人。

②这就是成长吧，每个阶段都有每个阶段的精彩，我们不可能以一种方式走到尽头。

③迂回地前进是人生不可避免的，这样的成长道路才会充满光芒。

（七）备用小游戏和备用项目

以下是一些我们尝试过的，认为效果很好的备用小游戏和备用项目，供大家参考。

1. 备用小游戏

（1）三笑逍遥散

我们要选择宽敞无障碍物的活动室。每一个参与者的食指是其魔法棒，一旦被别人的魔法棒触碰，就要大笑三声。每个人都要尽量用自己的魔法棒去触碰别人，同时要逃避他人的魔法棒。最后大家一起看看谁被触碰的次数最多，看看谁笑得最欢乐。在游戏中要注意安全。

（2）你喜欢你的邻居吗

所有人围成一个圆圈，一人站在圆心。站在圆心的人随机问圆圈里的人（比如说A）：你喜欢你的邻居吗？如果A回答"不喜欢"，则A周围相邻的两个人就要互换位置，在互换位置的时候，站在圆心的人就要迅速地插到A周围相邻的两个位置之一，这样A周围相邻的两个人有一个就没有位置，那么就由他站在圆心，开始下一轮游戏。如果A回答"喜欢"，就要继续回答自己不喜欢什么，如"但是我不喜欢戴眼镜的同学"，那么全场戴眼镜的同学必须全部换位。为了增加难度和趣味性，A还可以回答"我不喜欢穿白袜子的同学"等不易被人马上发现的答案。在互换位置的时候，站在圆心的人同样可以迅速站到其中一个空位上，这样交换位置的同学就会有一个没有位置，那么就由他站在圆心，开始下一轮游戏。

（3）忍者

所有人围成一个圆圈，用双手摆好一个姿势后保持不动。从任意一个人开始，开始的人说"忍者"，并快速去砍圆圈内任意一个人的小臂（左右皆可），只能砍一次。被砍的人只能躲一下，然后继续保持新的姿势不动，若被碰到手臂，就将其背到身后，若两只手都被碰到，则退出。其余人按顺序扮演忍者，顺序出错者出局。

（4）人类进化

队员通过"石头、剪刀、布"的方式来进行进化。进化过程中有四种状态，先是"蛋"，再升级为"鸡"，接着是"猩猩"，最后才能进化成"人类"。大家在任何一种状态时都要做出相应的动作，来代表自己的状态，扮演"蛋"时要蹲着，扮演"鸡"时要半蹲着，且向两侧伸出双手上下摆动（好像鸡的翅膀），扮演"猩猩"时也要半蹲着，用双拳捶胸（好像猩猩高兴时的姿态），扮演"人类"时就可直立行走。队员每一次都要与和自己进化状态相同的人进行"石头、剪刀、布"，赢的人向上进化一级，输的人，不管当时在哪一级都要被打回原形，变成"蛋"。当队员进化成"人类"之后，就要退出游戏。最先完成进化的人获胜。最后完成进化或没能完成进化的人要接受惩罚。活动开始后，队员们首先都要蹲着，此时大家都是"蛋"，然后队员随机组合，进行"石头、剪刀、布"，输的人继续充当"蛋"，然后再去找其他的"蛋"进行新一轮的"石头、剪刀、布"。第一轮赢的人即可进化一级，成为"鸡"，然后再找同为"鸡"状态的人进行"石头、剪刀、布"，赢的话继续向上进化一级，输的话，直接变为"蛋"，依此类推。

2. 备用项目

备用项目一：排数字

时间	15分钟游戏+30分钟分享。
项目目标	1. 队员一起探索语言之外的沟通方式，激发创造力。 2. 队员学会体谅他人，锻炼沟通的能力，培养团队合作意识，探索在团队中与他人合作达成整体目标的方法。
教练定位	项目布置者、活动过程调控者。
活动器材	无。
项目布置	教练事先在小纸条上写下一些大小不一的不连贯数字。 首先告诉队员：待会儿每个人手里都会拿到一张小纸条，上面写有一个数字，但是这个数字只能你自己看见，不能让其他人看见，看完数字后，请你记住这个数字，再把纸条还给我。 然后发给大家纸条，提醒大家记住自己的数字，再收回纸条。 接着对大家说：待会儿，大家要完成的任务就是在不说话、不对口型、不直接比画数字、不借助外物的前提下排成一排，按从小到大或从大到小的顺序都可以。大家听清楚规则了吗？如果没有疑问的话，大家现在就不能说话了。你们总共有15分钟的时间来完成这个任务，大家加油啦！ 教练可根据队员的能力去规定可以采取哪些方法或不可以采取哪些方法。例如，带队教练可以自己决定是否可以在手心里写数字，决定好后在叙述规则时一并告知队员。

续表

注意事项 （项目布置要点）	1. 若教练认为此游戏太简单，则可把排数字换成排生日，按生日的大小排序。（由于生日及生日大小属于多义且较容易混淆的概念，因此，难度比想象中要大） 2. 教练注意观察队员完成任务的方法、沟通方式，以及每个人在任务中扮演的角色等，以便之后进行分享。 3. 此任务不算太难，所以数字的位数可以多一些，或者每个人数字间的间隔可以大一些。如果队员的能力比较强，教练甚至可以加入负数、分数等。
回顾引导	本项目中可以使用的问题： 1. 在这个游戏中，哪个部分给你的印象最深？为什么？ 2. 你是怎样让别人知道你的号码的？ 3. 你又是怎样知道别人的号码的？ 4. 什么会帮助我们了解彼此？ 5. 什么会妨碍我们了解彼此？ 6. 人与人之间应该如何有效地沟通？

备用项目二：怪兽

时间	40分钟。
项目目标	1. 体会团队合作的乐趣，增强团队荣誉感和凝聚力。 2. 体会群策群力的过程，感受思想碰撞的美妙。
教练定位	项目布置者。
活动器材	无。
项目布置	所有队员必须通过某种方式组成一个整体（即"怪兽"），并且要达到教练的要求——几只手几只脚被允许接触地面。此怪兽要坚持10秒钟，才算团队最终挑战成功。 教练可先布置一个较简单的任务（如8人组就可以是4手4脚），限时5分钟；5分钟后，若队员完成任务，教练可再加大难度（如8人3脚2手）。若队员未完成任务，教练可适当延时或酌情提供一些建议（如编花篮）。队员完成之后，教练可加大任务的难度，限时15分钟。15分钟后，若成功，则进入分享环节；若不成功，教练可以酌情给出建议或者维持未成功状态进入分享环节。

项目布置	指导语示例：大家都看过变形金刚吧，今天我们也来变一变形，我们来玩一个叫"怪兽"的游戏。待会儿大家要按某种方式组成一个整体，即组成一个怪兽。这个怪兽必须满足一些指定的条件，如依靠规定数量的手和脚支撑在地上。能组成满足条件的怪兽并支撑10秒钟的团队就算挑战成功啦。我待会儿会告诉大家具体的手的数量和脚的数量。对于刚才描述的规则，大家都清楚了吗？ 　　（简单任务）大家很厉害，咱们来组成一个更高难度的怪兽吧。 　　（较难任务）大家辛苦了，现在稍做休息，大家围成一圈坐下来吧。
注意事项 （项目布置要点）	组成的怪兽需要是一个整体；时间不可过长；队员一定要穿方便活动的衣服和鞋子。
回顾引导	可以采用核心引导模式。

备用项目三：能量球

时间	10分钟。
项目目标	使队员放松，加强队员间的联结，为队员提供相互交流的机会。
教练定位	项目布置者、参与者、引导者。
活动器材	无。
项目布置	游戏要在一个空旷的场地进行。队员们要想象自己手里有一个能量球，然后一直传递下去。游戏规则如下： 　　1. 一个人做出手捧能量球的姿势，向任意一个队员传递，并发出一个声音（如"啊"）。 　　2. 接能量球的同学要做出接能量球的姿势，并重复上一个队员传递过来的声音，然后以相同的方式继续传递给另一个人，传递时所发出的声音不能与之前的重复。 　　3. 当大家熟悉规则之后，可以把声音变成想对接能量球的同学说的话，如赞美、欣赏等。
注意事项 （项目布置要点）	无。
回顾引导	通常不设置回顾引导。

备用项目四：水果物语

时间	20分钟。
项目目标	1. 让第一次参加活动的队员相互认识。 2. 启发队员进行自我觉察。
教练定位	参与者、引导者。
活动器材	大白纸一张、油性彩笔一盒。
项目布置	教练先把大白纸挂起来，然后介绍游戏规则。 　　教练首先做示范，向大家介绍自己，然后让队员轮流介绍自己。队员用一种水果代表自己，画出水果，写上自己的名字；介绍自己的姓名、家乡，表演自己的特长，等等。
注意事项 （项目布置要点）	1. 队员在做自我介绍时可能会忘了需要介绍的项，教练可提醒。 2. 教练妥善保管写满信息的大白纸，在后续活动中可能需要用到。 3. 教练要记住队员的名字（教练可以先拍一张集体照，然后在照片上标出队员名字，记熟后在下次活动时直接称呼队员名字，以创建认同感和归属感）。
回顾引导	通常不设置回顾引导。

备用项目五：传乒乓球

时间	10分钟。
项目目标	提高队员团队合作意识。
教练定位	参与者、引导者。
活动器材	硬纸片每人一张、一个乒乓球。
项目布置	1. 教练用一些小障碍物（桌、凳等）在场地中间围成一个大圆，大到使所有队员沿圆周站立却不能把圆包围。 　　2. 教练让所有队员把硬纸片折成统一形状的纸槽（大致长20 cm），并沿着圆周外围站立形成小段圆弧，在圆弧起始位置放一个小桶或小盒子。 　　3. 教练介绍游戏规则：游戏限时5分钟。全部队员要密切协作，将乒乓球从队首沿障碍圆传递一周，并把乒乓球送入桶中。在传递过程中，队员只能用手托纸槽并用纸槽引导乒乓球。乒乓球不能有任何停留，也不允许接触纸槽外的任何物体（如落地），否则将球退回原点重新开始。 　　4. 询问队员是否清楚游戏规则。 　　5. 游戏开始后，教练再一次提示5分钟的时间限制。 　　6. 若5分钟后队员还未成功完成任务，教练可以适当延时。

注意事项 （项目布置要点）	1. 游戏过程中可能伴随跑动，所以障碍圆的摆放要圆滑，不要有尖角。教练在游戏前要提醒队员穿便于跑动的衣服和鞋子。 2. 教练对游戏规则的每条限制要清楚，并在游戏过程中仔细观察，因为该游戏一旦犯规操作就基本没有难度了。 3. 由于队列没有障碍圆周长，所以要保证乒乓球不停留，唯一的办法就是每个人在传完乒乓球后立刻从相反的方向跑到队尾，即人力循环使用。障碍圆的大小决定了游戏的难度，教练要注意把握。 4. 把乒乓球导入桶中是另一个难点，因为乒乓球在运动中有惯性，想让它直接落到桶里比较难，所以队员需要用纸槽拼成一个管道（两纸槽如<>对接）用于引导球。教练可以在他们失败后稍做提示。
回顾引导	通常不设置回顾引导。

第五章
每周例会
精华录

"死亡并不真正存在，人生最难的功课是学会无私地去爱。"

——［美］伊丽莎白·库伯勒-罗斯

导言

　　这一章的内容摘自成长训练营2012—2016年的每周例会记录，以师生问答的形式呈现，点点滴滴地记录了指导教师和带队教练就一些重要问题进行的讨论与分享。

　　每一段话都呈现了教练在学习、生活和带队过程中遇到的一些问题和困惑以及相应的回答和分享。

　　这些对话覆盖了一些对于青年人来说非常重要的话题，如我是谁，我怎样发现自己，我怎样成为我自己，怎样做出人生重要选择，如何面对父母，如何处理人际关系，等等，这些真诚的讨论和相互激发的分享使得指导教师和教练们都受益良多。

　　每周例会中的讨论过程就是生命与生命相互激发，碰撞出善意、真诚与智慧的过程，犹如一条条小溪，滋养着每一位教练的成长。在此我们把其中的精华加以摘录，供大家参考，并希望可以借此机会，激发青年人对这些人生重要问题的思考和讨论。

　　我们打破时间的顺序，把讨论内容按主题分为三部分。

　　第一部分与教练的专业成长有关，聚焦于如何理解教育，如何理解成长，怎样看待带队这份工作，怎样做一个有助于队员成长的教练等。

　　第二部分与教练的个人成长有关，聚焦于如何理解生命，如何认识自己，怎样对待自己，怎样理解父母，怎样面对父母，如何与人相处，怎样为自己做出人生中的重要选择和决定，怎样听到自己内在的声音，怎样成长等。

　　第三部分与带队技巧有关，聚焦于如何面对队员，如何带队，如何处理一些带队中常见的问题，以及一些特别项目的设计原理等。

一、怎样做一名教练

（一）用生命影响生命

1. 在成长训练营做教练的意义

　　每个人在生活中对自己的观察是很少的，我们更容易把注意力放在外在的人、事、物上。如果我们有一个自我觉察的习惯，就会对自己和人性了解更多，从而更好地生活以及与他人相处。

很多时候我们的生活比较简单，很少有机会深入地看到自己。你会发现看自己挺困难，看别人很简单，很清楚。做教练对你来说可能是个很大的挑战，因为带领8～10人的小组做活动，对个人的专业素质要求很高。在带队过程中，你有机会看到自己的言行对队员的影响，你也可以更好地认识自己，了解自己。如果在带队时你是轻松快乐的，这代表你找到了一种与他人和谐相处的方式，这种方式可以让你与周围的人和平相处。这份带队经历是难得的，它可以为你未来更好地工作奠定基础。

成为教练的要求是具备比较全面的素质，如接纳品质、沟通能力等。协调教练对项目要有充足的了解，懂得用不同的方式对待不同性格的人。如果你想带队活动，来成长训练营无疑是一个很好的选择。

你的收获是什么取决于你的目标是什么。无论你是带队教练还是跟队教练，抑或是做其他事的老教练，都要问自己这些问题：你给自己的定位是什么？你期望自己在哪些方面不一样？不要再等待，要主动争取，这是我的期待和建议。

我们在成长训练营的学习与常规课堂不一样。在常规课堂中，老师讲课，你只要听就好了。在成长训练营中，如果你没有方向和目标的话，就哪里也去不了。主动设立的目标动力很强，有没有这个部分，决定了你在成长训练营中收获的大小。我们要主动探索而不是被动等待，因为经过探索后的收获最真实。主动、投入、探索、体验、经历，这些能让你收获更多。

——摘自例会记录

2. 教育的目的和人的本质分别是什么

一凡：我们对暴力者应该进行教育，对自身应该接纳和掌控，但要通过什么途径进行教育呢？

老师：等犯罪之后再教育就晚了！

一凡：那么对于希特勒那样的人我们该怎么办？

老师：最根本的方式是教育，但当敌人拿着刀过来了，我们也要进行反抗。教育不是唯一的途径，智慧就是知道问题的根源在哪里，在什么情况下，该做什么事情。

一凡：教育是否只着眼于下一代？

老师：如果站在国家发展的角度，下一代是要教育的，这一代也是不能放弃的。

一凡：那这一代没受到过良好教育的应该怎么做？

老师：那你觉得一个人如果从小没有受到良好教育，长大后会和人好好相处吗？

一凡：可能不会，他可能会对物质有比较强烈的要求。

老师：人无论在什么时候都有觉悟的能力。人在小时候如果接受过良好教育可能会更容易觉悟，如果没有接受过良好教育可能会不容易觉悟，但不是无法觉悟。所以我们一定要理解教育的目的是什么以及人的本质是什么。教育的目的是让人的污染少一点。我们要锻炼自己的能力，为这个世界做贡献，用内心的宁静传递正能量，用外在的言语影响他人，心态健康，好好学习，行有余力之后再发现自己、拓展自己。

人在成长中需要去了解人的本性是什么，用正向积极的方式来活出我们的本质。当我们这样去生活的时候，就是在为这个世界做贡献。我们首先要做的是保持身心健康，不让父母操心，然后是提升自己生命的品质。

——摘自例会记录

3. 教练的成功之处

作为教练，我们要让队员知道，原来人诚实是可以很快乐的，不那么强势地表现自己依然可以这么美好，踏实做事也可以很幸福，在队员心里播下种子，给他们正向的指引和激励，使他们对于做一个健康的青年人有一个新的概念。教练展现了这些，队员就相信他也可以做到，知道原来我们真的可以去相信一个人，人与人之间可以这么无私互助，这样他们对未来就有了信心，那教练就成功了。

让队员快乐，是第一代教练要达成的带队目标。第二代教练的带队目标是营造好的氛围，让队员之间建立良好的关系。第三代教练的带队目标是用生命去影响另外一个生命。因此，你们不只是为了自己而成长，还为了很多人在成长。

——摘自例会记录

4. 为什么教练一定会对队员产生影响

每个人都有与他人不同的视角，也都有盲点，所以任何一个人都可以对他人产生影响。只要教练是真诚的，即使什么都不会，也会有影响力。

当教练的生命被点燃时，火光就可以照耀队员，即使火光微弱，依然可以让参训队员有所收获。教练在带队时要真诚、开放，利用人与人之间的力量，把一个人的视角扩展为众多人的视角。

教练在带队之前对人生主题就有了深入的了解，如怎样建立信任。教练可以通过主题设计对队员进行必要的引导。

——王老师

5. 成长训练营的作用

我有一个很重要的改变，我更加相信自己了，我也更加相信你们了。在我看来，大家的成长都很快。虽然我们的看法可能不太一样，但都经历了很快地成长。

当生命得到允许的时候就会成长得很快。相信生命，给它允许，让它尝试，生命自己就会成长。孩子和成年人的区别就是成年人相信自己并且做自己，而孩子则等待着别人的允许，你们处在从孩子到成年人的过渡时期。为了生命更快地成长，为了成为更美好、更快乐的自己，我们投身其中，努力地做自己。

——王老师

6. 教练可以在带队中成长

带队中最有挑战性的是，面对很多人和事情的时候，怎样把话说得恰到好处，怎样把事情做得恰到好处。我们选择来这里，肯定是因为这里有些东西可以帮助我们成长。

——王老师

7. 教练要分享自己

做一杯好茶就行了。遇到懂你的人很好，遇不到也没关系。钦晖，你以后这样做教练就行了——大胆地分享自己的体验。都是同龄人，为什么你能做教练呢？因为你能把你的体会分享给大家，并且能带动十几个人一起分享。带队就是这样，给自己一个温暖的回应，通过活动引发触动，通过触动产生感动，去分享游戏带给你的启发，去分享你产生的触动和感动。

如果你只是队员的同龄人，分享你自己就好了。如果有一天你像我一样成了老师，你可以去教学，去沟通。同龄人之间会产生共鸣，但如果是我，作为老师，就用人生经验和对知识的了解去启发他。不同的教练有着不同的人生体验，不同的人生体验也会产生不同的带队效果。就像绘画、音乐等艺术作品一样，你知道它们的构成元素是什么，却不知道它们的产出是什么。

——王老师

8. 爱会自然流动

教练要先找到这份爱，填充自己，填满自己后，爱自然会溢出，流向别人。

——王老师

9. 教练不完美，依然有价值

成长训练营中有我想要的东西，也有队员想要的东西，而我的工作是先满足队员的需求。即使我收获甚微，我也不会因此感到羞耻。无论我们有多少成长空间，都是可以陪伴另一个人的。作为一名教练，无论我的成长空间有多少，都不会妨碍我去带队。只要我们在一起相互陪伴，就会得到成长。就像一名画家一样，不同的阶段有不同的价值，我们永远都有提升的空间。虽然青涩，虽然不完美，但我们依然有价值。当我们成熟的时候，就用最好的状态去面对他们，当我们还不够好的时候，就用青涩的状态去陪伴他们。我们要把正能量带给别人，不需要考虑贡献有多少，只要贡献了就好。我在这里，我很努力，我尽职尽责，这样就行了。

——王老师

10. 队员让我们发现自己

当我们站在不同维度说话的时候，带给别人的感受是不一样的。我们有的时候未必会觉察到，但我们的队员能够让我们发现自己。带队的直接好处就是有许多生命站在我们面前，直接给我们反馈。

——摘自例会记录

（二）教练要清楚自己的定位和目标

1. 教练只是引领者

教练不是百科全书或人生导师，只是引领者，是和队员平等的团队成员。作为教练，你只要尽可能地去奉献你所能奉献的就行了，不一定必须给出完美的答案，也不用保证非要达到什么效果。

交流中最重要的部分是人与人之间的理解和接纳。我不认同你，但是我允许你有不同，我愿意和你讨论，在讨论中我们可以发表不同的观点。教练不一定比队员聪明或成熟，他在带队过程中也经历着成长。比如，在"石头汤"这个故事里，锅里菜很多，没有哪种菜最好，每种菜都有自己的作用。

在一个学习型团体中，即使教练不干任何事，队员也能有所成长。教练凭借人性光芒和对活动主题的了解，能够带动队员相互交流。问题的关键不是教练能不能影响别人，而是怎样能够对别人产生积极的影响。

最大的资源是教练本人，是你的爱、接纳、包容和关心。教练要让队员对自己生命的真相有所了解，从而对自己产生更多的爱，相信那样你可以成长得更好。

——王老师

2. 教练要把任务交给队员

教练就是把任务交给队员，让他们自己去干，然后教练观察他们的行为方式，引领他们进行回顾反思，最后从教练的视角给出建议。

——摘自例会记录

3. 教练要清楚什么是好的选择

教练，虽然要尊重队员的意见，但不是要采纳所有队员的意见，因为队员不能从团队整体考虑，他们的话有时候只是随口说的，所以教练心里要清楚什么才是对这个团队最好的选择。

——摘自例会记录

4. 做中立的支持者，而不是拯救者

教练要保持一份谦卑，尊重这份历程，要尊重、接纳、鼓励队员，但不要限制他们，否则不仅你会有压力，队员也会有压力。教练如果把满足自己的期待当作成长的动力，就会妨碍和自己待在一起的队员。教练要做中立的支持者，而不是拯救者。

——摘自例会记录

5. 教练是个引导型的领导者

梦鹤：一次带那么多活动，时间还把控得那么好，我觉得教练挺厉害的。

老师：带队工作需要很强的管理意识和管理能力。教练其实是一个引导型的领导者，他需要知道如何调动团体的动力，需要对团队项目有深刻的理解，这些对于教练以后更好地融入团队有很大的帮助。

——摘自例会记录

6. 教练要清楚自己在成长训练营的目标

培养一名教练需要投入很多，绝对不是儿戏。一个没有目标的人和一个有目标的

人，做事的效果是不一样的。我希望你们能积极探索，了解自己到底想要什么，到底想达成什么目标，这是你们目前需要去做的事。

——王老师

7. 教练的标准

我们不是想要招募欣赏成长训练营的人，而是想要招募那些有意愿帮助别人的人。

——王老师

（三）教练要有的心态

1. 教练是可以和队员共同成长的

我们不是要成长到足够好，才可以去帮助别人和陪伴别人，因为成长是没有尽头的。我们永远不可能达到最好，但我们可以变得更好。在变得更好的过程中，我们是可以和队员共同成长的。

——朱琳

2. 最好的带队准备

你所能做的就是尽力活在当下，时刻和自己在一起，去体会、去觉察自己的生命，活出自己生命的本质，这就是最好的带队准备。在带队之前，你一定要照顾好自己。另外，你一定要不断学习，不断成长。

——王老师

3. 教练要观察团体的动力和能量状态

教练要观察团队的动力和能量状态，保证所有队员总是处在积极的状态中，即使是体验失败时。

——王老师

4. 教练要做出示范

教练要想通过活动让队员更好地觉察自己，了解自己的需要，了解自己的资源，就要做出示范。虽然没有到达终点，但我们至少在路上。

——摘自例会记录

5. 教练要为队员创造成长的环境

教练要为队员创造一个环境，让他们觉得自己是被接纳、被认可和被支持的。在这样的环境中，队员才可以自由地成长。

——摘自例会记录

6. 教练要先让自己活出这种状态，再去感染队员

易璐：感谢大家帮我厘清了接纳的问题。

老师：问大家有什么问题就是为了看清大家心里的梗。收获就是在成长过程中通过自己的学习获得的经验。虽然这种经验不可能适合每一个人，但在这个校园里，在这个环境中它们是适合的。教练要做的就是先获得经验，再把经验传播给其他人。教练要学会分享自己的体验，并整合团队的力量，从而获得更多的经验。教练要敢于面对困惑，这才是真正的内功，是坚实的带队基础。教练要先让自己活出这种状态，再去感染队员。我们在例会中要尽量多分享自己的体验和感悟，互相见证各自的成长，用自己的成长带动其他人的成长。

——摘自例会记录

7. 跟队教练的心态

跟队教练要自信，无论带队教练多么成熟，你都可以对他有所帮助。

跟队教练要学会判断现场，揣摩带队教练的意思，并对活动主题有透彻的理解。

跟队教练要观察带队教练带队时的心态，当看到他的做法和你想的不一样的时候，你

需要揣摩一下是什么原因导致他这样做的，体会不同选择背后的价值。跟队教练还要看自己与带队教练对某个队员的评估是否一致。有时候带队教练没有说一些话，这时候跟队教练就要体会这种"不能说"背后隐藏着的东西。队员永远比活动项目更重要！队员的成长最为重要！

——王老师

8. 教练要诚实地做自己

鸿娟：我觉得队员们很省心，他们会主动交流，跑题了队长还会拉回来。刚开始时我觉得自己控制不住他们，现在觉得自己没必要对他们施加那么多控制。

老师：就像小孩儿，你不管的时候，他们自己就能照顾好自己了。你关心他们，但是不去控制他们，他们的各种能力就会显露出来，你属于支持型的教练。这种带队方式的缺点是当你想介入引领的时候要费力一些。反过来看或婷，她是一个主控型的教练，她会利用一种动力引导着团队朝一个方向走。两种方式没有对错或好坏之分。作为教练，你要想清楚，你想把队伍带到哪里去，你想要队员收获什么，什么样的带队方式适合你，然后尽力做就好了。

鸿娟：案例分享环节中，有一个队员总是很快地就回答，这样留给其他队友的讨论空间就很小了。

老师：那你就可以跟他说"等一下，先让大家讨论一下"，这个时候就是利用你的权威和领导力的时候了。因为这个时候的干预是为了整个团队，而不是为了你自己，所以该出手时就出手。教练要诚实地做自己。教练不是为队员提供所有完美的东西，而是给出自己所能给的东西。

——摘自例会记录

9. 教练对队员的影响很大

教练的状态对队员的影响比较大。队员的聚焦程度和稳定程度与教练的心态有关。如果你内心平静沉稳，你会发现队员也会这样，这是潜移默化的影响。因此，教练需要先把自己的状态调整好，再去做其他事。

教练对带队的影响很大，因此教练自己的状态和稳定性很重要。

——摘自例会记录

二、在生活中成长

（一）生命是奇妙的

1. 对生命本身信任，而不是对拥有什么信任

你要有这个自信：我是一个生命，我有学习的能力，只要遇到足够的资源就可以成长。这是对生命本身的信任，而不是对拥有什么的信任。

你要相信生命本身胜过相信任何人，你要相信你的生命一直没有放弃你，它会陪伴你度过任何高峰和低谷。不是我，也不是成长训练营成就了你，而是你自己成就了你。

——王老师

2. 关于价值

价值有两种，一种是做成了某事，有理由的价值；另一种是回归生命本源，无理由的价值。

——王老师

3. 关于人的本质

王永：为什么人的本质是好的？

老师：一个种子含着生命的力量，你怎么看它是好的还是坏的？

王永：就是一个事实，没法说是好是坏。

老师：种子拥有生命力是事实，那么渴望被爱、被关怀，这是好是坏？

王永：无法判断好坏。

老师：一个生命需要爱，你会感觉怎么样？

王永：有共鸣。

老师：有的人对于自己的付出不求回报，有的人通过完善自己或行善获得爱和认可，还有的人通过伪装或欺骗获得爱和认可，意图都是美好的，只是用的方式有好有坏。

王永：嗯，生命的本质都是一样的，只是表现出来的方式不同。

老师：对此你有什么感悟？

王永：我决定看人时不再那么狭隘，要对别人宽容。

老师：先对自己宽容才能对别人宽容，你可不可以先这样对自己？

王永：好。

——摘自例会记录

4. 从心所欲，不逾矩

钦晖：我发现自己一个新的特质，感觉有些担心。

老师：能这么理解吗？你发现自己有这个特质，然后担心这个特质会对别人有影响。首先你要知道，无论你说话多还是少，其实都是你的一部分，每个人的花园里虽然孕育着不同的花，但却有很多一样的种子。比如，火是一个种子，如果处理不好，就会起火。因此，要想掌管好这些资源，你需要有智慧。那颗火的种子一直在那里，所以每个人有的特质你都有，只不过你的还是颗种子。你可以这样想象：一幢房子前面的花朵是你已经发现的部分，然而当你绕到房子后面的时候，就会发现一些你之前没有觉察到，但是别人可能早就发现了的部分。

钦晖：感受到自己可能还有不同的东西，这又是一个新的发现。

老师：我们只有通过接触不同的人和事，才能够看到自己的更多方面。你了解自己越多，就越能按自己的想法去打理自己的花园。你要相信每个人的生命都是一座花园，没有人是懒惰的，每个人都在用心浇灌自己的鲜花，每个生命都可以照顾好自己。当某个生命处在一个特殊状态的时候，如老年人、幼儿，或是需要帮助的人，你可以为他们提供一些帮助。

钦晖：一直以来我有一个习惯，总担心自己会影响到别人。

老师：你担心自己会影响到别人其实也是担心自己受到别人的影响，因为你对别人有依赖，你一边做自己，一边还要关心别人。对一个人的关心是建立在稳稳地做自己的基础上的。我们只有先把自己照顾好了，才能带着一分力量去关心别人。既能做好自己，又能关心他人，这是一种成熟的表现，也是一种智慧。讲一个故事，曾子是孔子的学生，他写了《孝经》。有一天他在给庄稼除杂草，却把秧苗除掉了，父亲拿棍子来打他。曾子认为，一个孝顺的孩子不应该躲，就挨了一棒子，然后躺了一上午。当父亲外出回来的时候，曾子努力地爬起来弹琴，好让父亲知道自己没事，这样做他感觉自己很孝顺。但是孔子得知这件事后，对学生说，曾子这是不孝。他的学生很奇怪：曾子做了很大的牺牲，为什么还说他不孝？孔子回答，如果父亲把他打死，他父亲就得坐牢。这就告诉我们一个道理，即做事前我们要学会判断。例如，一个人摔倒了，如果他能自己站起来，你就没有必要再去扶他。既能快快乐乐地做自己，又能融入别人世界的人，才是一个充满智慧的人。

钦晖：生命非常奇妙，有自己的规律，我们只要发现这个规律，并顺着它走就好了。

老师：这就叫"从心所欲，不逾矩"。

——摘自例会记录

（二）我和我自己的关系

1. 许多时候我们没有陪伴自己，特别是在困难的时刻

阳倩：我们要学会改变自己的态度，不能老从外面讨爱。

老师：这表明你在一条觉察自己、关爱自己的道路上启动了。加油！人要学会觉察自己，发现自己这是人生中最重要的部分。我有一个八十多岁的老师，他会去世界各地做各种各样的培训。有一次我问他，你去世界各地做培训，是什么在吸引着你？老师答："是

人。看到人的变化我会感到开心。但长途旅行对我这个年纪的人来说，确实是很辛苦的，所以旅行时我会坚持做的一件事就是带上自己，陪伴自己。"许多时候我们没有陪伴自己，特别是在困难的时刻。当面对令我们痛苦的人和事的时候，我们要学会陪伴自己。

——摘自例会记录

2. 人是美好的，事是可以提升的，你才是最重要的

老师：我们要把人和事分开。人是美好的，事是可以提升的，你才是最重要的。所以永远带着你自己，看到你自己，关心你自己，这是对自我的"赋能"，是自信的表现。有时间多看看自己，多鼓励自己。

——摘自例会记录

3. 当你爱自己的时候，全世界都在为你欢呼

彧婷：头脑指引了我们太多。易璐的事令我感触颇深。

老师：一部分体验你的需要，另一部分体验头脑的需要。它想要做什么？我们要同时看到两个需要。

彧婷：感觉老师很理解这个状态。是的，我们不能完全忽略头脑的需要。

老师：我们要学会平衡，兼顾两种需要。我们要试着倾听自己、了解自己和爱自己，学着与人相处，并在与他人相处中去练习关怀和爱。易璐练习得很多，因为她认为只有自己做得到，才能要求别人做到。对自己的爱和对他人的爱没有什么区别，只是方向不同。

彧婷：我不知道怎样去了解自己。

老师：你怎么知道自己肚子饿了？怎么知道自己需要爱了？你感到孤单、痛苦、迷茫的时候就是你需要爱的时候。

彧婷：我感到思路更加清晰了。我们要给自己一个承诺，要注意自己的需要，然后去权衡这些需要。我们要学会爱自己，让自己舒服。

老师：当你爱自己的时候，全世界都在为你欢呼。

彧婷：我依然有些担心。

老师：你在担心什么？

彧婷：担心即使我去做了，还是会有问题出现。

老师：我们决定去做和最后做到之间是有一个过程的。滴水穿石，你只要一步一步向前走就行了。最好的历程就是合乎自然规律的历程。

彧婷：如果我能照顾好自己，身边的人就会轻松一点，想到这儿我觉得很激动。

老师：尊重这个部分，心存感激。

——摘自例会记录

4. 你一直想要有个人懂你，现在你自己可以做那个懂你的人

王永：我总想得到朋友的认可，后来发现其根源是我不够自信。

老师：每个人都有自我怀疑和自我否定的问题，解决它的方法是变得自信。你认为获得自信的方法是得到别人的认可，所以你才要跟别人在一起，是吗？其实我们应当学会接纳自己，而不是否定自己。更深一点，我们要清楚是什么影响了自己对自己的接纳，怎样才能把别人的看法仅当作一个参考。

王永：我上小学时感到挺快乐的，每天自信满满的。但我发现同学们开始渐渐疏远我，因此就开始自我否定。我就找自己到底哪儿不好，会对自己说"你凭什么喜欢自己"来让自己不要自负，结果变得自卑了。在初、高中时，老师和同学的看法对我影响特别大，我会因为老师的一句话哭好久。我非常关注别人对我的看法。上初中时我特别在意哪些同学不喜欢我，上高中时我就只想做一个与世无争的人。

老师：我们在成长过程中有一段时间确实需要别人的看法，因为我们对自己的觉察不够。在小时候或者青春期，如果别人过度表扬你，你就会自大；如果你接收到的负面评价比较多，你就会自卑。但无论评价是好是坏，你自己还是没变。

别人的评价都是别人主观的看法，其实你没有变，你要想想怎样洗去之前的影

响，活出真的自己。否则周围的人会影响你，甚至左右你的人生。

你的性格呢，就是有一点内敛。你很聪明，想法就是和其他人不一样，他们没法懂你。他们不懂你的时候就会说你有问题。你心里一直有个声音，想要有个人懂你，现在你自己可以做那个懂你的人。

我们每个人都会渴望有个人懂自己，但是无论那个人怎样懂你，都不如你自己更懂你自己，所以我们就自己做那个最懂自己的人吧。

不管什么时候，我觉得我自己都是最重要的，我对自己的评价会影响自己的行为和想法。当我审视自己时，还是会借鉴别人的看法，只是对于别人的看法我会有选择地采纳。当你相信一个人时，他对你的影响就会大一些。当我心里对自己很确定时，别人对我就没那么大影响。内心越稳定人就越成熟。我对自己的看法是一个不断成熟的过程，我会在听取别人的看法后改善对自己的认知。记住，永远做自己的主导者。

什么会妨碍我们认清自己呢？——我太想搞好这段关系了，我不想有冲突。这样做的代价是放弃了我们自己。

谁会影响我们主导自己呢？——我们不相信自己的方法。

当我们形成自我体系之后，就会更稳定一些。当我对自己很确定时，别人对我的看法影响就小，但我仍可以通过别人对我的看法改善对自己的认知。听我这样说，你有什么感悟？

王永：自己的看法和别人的看法是两方面的事。我们在审视自己时要权衡好这两方面。但是我们要时刻记住，自己的看法才是主导。

老师：王永，你的观点值得我们学习。

——摘自例会记录

5. 成长就是了解自己，成为自己

人如果没有觉知，就会糊里糊涂地过一生，只有对自己有觉知，我们才能掌管自己的人生。因此，自己与自己的关系才是人生第一要事。成长就是做这样的事：了解

自己和成为自己。

——王老师

6. 我希望你活下来，没有原因

钦晖：一个人如果能够自己满足自己所有的需要，那他还需不需要跟别人在一起？

老师：如果有一天你什么都有了，你会去做什么？

钦晖：我可能还是会感到孤独。

老师：那说明你还是有需要。当一个人真正不需要的时候，他就会充满爱。

钦晖：一个人为什么会去爱呢？

老师：我先给你一个答案，但它的真实含义需要你用生命去体会和探索，因为生命的本质是充满爱的。

钦晖：当我感受到或者懂了之后就会理解什么是爱。

老师：当一个人想要自杀，而你不知道该怎么做的时候，你就要用你的爱去帮助他。看着他，然后告诉他：我希望你活下来，没有原因。这就够了。

钦晖：他能感受到吗？

老师：看你有多真诚，精诚所至金石为开。你的爱至少可以让他认识到世界上还有一个人这么在意他，这种在意会激发他对自己的爱，能够让他暂时活下来。不要小看自己，你们有很多的爱要去彰显、去表达。很高兴你能问出这个问题，你很棒。

——摘自例会记录

7. 怎样爱自己

要想爱自己，我们首先要了解自己。每个人都有一些基本需要，如渴望被爱、被欣赏、被认同。童年时期我们可能需要从别人那儿得到这些东西，但是长大后，我们需要自己给予自己这些东西，不能再依赖别人，这样才能真正变得自信。

——王老师

8. 欣赏自己善良的部分，同时承认自己还需要成长

我们要学会原谅自己，欣赏自己，把自己的善意带给更多的人，让他们有所学习。我们要珍惜自己善良的部分，欣赏自己善良的部分，同时承认自己还需要成长。

——王老师

9. 当你想去爱一个人时，先学会爱你自己

王永：喜欢的人不接受自己怎么办？

老师：在你们这个年龄有一个自己喜欢的人很正常。我看你对这份爱很用心，这是很好的。当你想去爱一个人时，先学会爱你自己。面对爱情你需要更加成熟。你可以告诉对方：我不在乎你对我怎么样，但如果你有一些反馈，我也是需要的。对方可能会对你有所回应，也可能不会。你需要做好他不回应你或不接受你的准备。有些事情需要自己更多的体会，有些事情时机到了就会自己结束，而有些事情就需要自己不断地尝试。我觉得你不用去责怪自己。

王永：我还是认为自己做得不够好。

老师：试想一下，如果自己做得足够好，他会怎样对待你？

就算你是这个世界上最好的苹果，但有些人就是对苹果过敏。我觉得如果对方不喜欢你，那你就把自己照顾好，漂漂亮亮地去生活。我觉得你的逻辑不对，对方不喜欢你，并不代表你不值得被喜欢。现在就是这样，如果你敲一下门，门没有开，那么你也可以去做些其他的事，并不需要一直去敲。敲一敲可以，但别忘记自己的生活，别忘记自己生活的主旋律。你其实并不需要去敲那扇门，去依赖别人，而是可以有自己的选择。无论你选择敲门还是不敲门，都可以过得很快乐。我们每个人都要让自己幸福，不要把自己限制住了。

王永：他可能不欣赏我这种人。

老师：他不是不欣赏你这种人，是不懂得欣赏你这种人。我年轻时不喜欢喝茶，感觉它没有味道，而且它是热的，不能一口气喝下去。后来我觉得茶是有味道的，而

且是很香的味道。人要学会欣赏一件事情是需要时间的。茶并不会因为没有人欣赏它而改变。我们要学会识别自己的优点，但也要认识到自己的不足。

王永：我好像释怀了。

老师：我觉得有时间我可以做个访谈节目。

——摘自例会记录

10. 世界不是因为修正了错误才变得更好

老师：你是一个很认真的人，你只需要提醒自己就够了，不用那么狠地推自己，对自己温柔一点。你也是普通人，你也会犯错误。犯错是正常的，放轻松一点，没什么大不了的。这个世界不是因为修正了错误才变得更好，错误也是美好的一部分。善人、恶人都是世间的一部分。

钦晖：明白了，我会尝试去做。

老师：你可以试着和自己和谐相处，放轻松，慢慢来。

——摘自例会记录

11. 我还在拿现在的认可去满足我过去没有得到的认可

老师：小时候做事做不好，是生命在那个时刻的一种自然状态。每个人都经历过那个阶段，只是时间不同。比如，不同孩子学会系鞋带的时间不一样，这个状态没有好坏之分，好与坏的评价都是来自其他人。生命的真相就是，总有一些人说好，也总有一些人说不好。

易璐：我想要重新来过。我甚至希望得到所有人的认可。

老师：即使你现在得到了足够的认可，但是你还在拿现在的认可去满足过去没有得到的认可。如果需要别人的认可就去要吧，但是自己要弄清楚：这个认可是自己真正需要的吗？还是为了满足过去没有满足的？

过去对现在的影响和现在对自己的认识，这是两个层面。它们两个时而在一起，时而不在一起。有时候，我们跑着跑着就忘了为什么要跑了，不是停不下来，而是不想停下来，这时我们的生命也被限制住了。

——摘自例会记录

12. 评论赵霞创造的"做自己的守护天使"环节

只要我们不抛弃自己，自然就是对自己负责了。让生命中的真我流淌出来，这是最美好的部分。

——王老师

13. 给自己的感受允许

王永：一开始我很紧张，在介绍自己、布置任务时，连话都说不清楚。我很懊恼，心想作为教练，自己怎么可以这样，连话都说不清楚。很庆幸有瑾珺在。当队员们分享来这里的目的时，我跟大家说自己有些紧张。从那一刻起，我开始正视自己的紧张。有个队员对我表示支持，我心里好受了很多，慢慢就进入了状态。

老师：别太快转换角色，给自己一些时间体验自己的感受。事情结束了，但是心里面的感受还没结束。整理一下自己到底学到了什么。

王永：我们只有正视自己的情绪，才会得到支持和鼓励。感谢支持我的所有人。

老师：你去面对感受时，它就被认可了。

王永：我最近状态不好，老想一些乱七八糟的事情。之前一个月我做了一些自己不太喜欢的事情。

老师：给自己一些时间，给情绪一些时间和机会。一件事情发生后会让人产生很多情绪，不要急于转入下一件事情。

王永：勉强自己做事情，我有些责怪自己。

老师：和心里的那部分沟通，不要责怪自己，把能量用来关心这个部分。自责会让你陷入低谷。

王永：自责只是为了让自己心里好过一点。

老师：这是我们以前学的，做错事情就要惩罚自己。而现在你可以这样，跟别人谈一谈，然后改正错误，不需要惩罚自己。

王永：我们还是要对自己好一点。

老师：对，试着跟被自己忽略的部分谈谈。

——摘自例会记录

14. 如果想改变别人，就要自己先做好

在东华寺时，大师总说要从自己身上找原因，这样的说法让我觉得对自己太苛刻了，所以我对这个观点不太认同。在看了书之后，我觉得自己可能误解了大师的意思。他可能是希望我们不要妄想去改变别人，要想改变别人，就要先做好自己，然后再慢慢去影响别人。

——庄鸿娟

15. 不是改变而是增加一些什么

赫倩倩：我不爱自己是因为不够自信。优点加缺点才是完整的自己，是独特的自己。

老师：其实缺点本身不是个问题。你觉得自己有什么缺点？你认为它是缺点是因为你对它的认识不够。我们不是要你去改变缺点（改变意味着你将它视为敌人），而是让你增加一些什么。当你在社会中摸爬滚打时，有些特质可以帮助你去适应社会，你把它们称为优点，而有些特质不能帮你适应社会，你把它们称为缺点。其实它们只是一些功能不太完善、与社会要求不太匹配的能力或特点，没有好坏之分。

——摘自例会记录

16．金字塔不是奴隶建造的

老师：关于带队你有什么要分享的吗？

王永：我已经带了两次队，每次带完队我都和瓘珺讨论一下。上一次我们正讨论着我就哭起来了。因为我觉得我布置得不清楚，有一种无力感。

老师：你一边引导，一边批评自己不深刻。（大家笑）

王永：大家听了之后给我反馈："你已经比第一次好多了，不要那么急，对自己不要太苛刻。"我觉得易璐说得对，成长要慢慢来，不要急于求成，所有的事情都是量变到质变。我们带队的目标是让队员成长。如果教练把过多心思放在自己身上，就影响了队员的成长。因此，我们要把精力放在队员身上。

老师：金字塔不是奴隶建造的。瑞士制表匠在坐牢的时候是制造不出好表的。当一个人身心不自由的时候是没有创造力的，只有身心自由的人才可以专注于一件事情。我们能得出这样一个结论，金字塔这样伟大的艺术品一定是身心自由的人建造的，肯定不是身心被束缚的人建造的。因此，如果你想带好一个队，就不要给自己那么多束缚。

王永：说教和体验式学习是不同的。

老师：你带的是体验式的活动，但你对自己是说教。你应该多去体验，并加入自己的观察，给予队员反馈，让他们懂得自己在哪里，让他们为自己做决定。

王永：我对自己的职责更明确了，知道了用力的方向。即把指责自己的能量撤回来，一部分用来安慰受伤的心灵，让自己自由；另一部分放在观察和引导队员身上，更多地关心和关注他们。

老师：在带队之前你先把力量都用在关心自己身上，就像喝水一样，没带队的时候就自己喝，带队的时候分一点给队员喝。你先要觉察自己不是思考和分析，冥想的时候看到自己。觉察是第一步，之后才能拓展。

——摘自例会记录

17. 用一辈子的时间，靠近生命的本质

老师：大家注意，进入禅定的状态，就是这样。掌管自己，当你这么做的时候，你和自己的生命本质是合一的。得到和失去会带来情绪的起伏，但是如果你超越了得失，它们就不会对你造成很大的影响。当你不把那么多注意力放在得失上时，你就不会因为得失而快乐、悲伤。当这样做的时候你就活在了生命的中心，而不是活在身体里。当我这么说的时候你有什么感受？

钦晖：我感觉这件事需要用一辈子的时间来做。要靠近生命的本质，我们先要有这样的目标，然后慢慢来，一点点去靠近它。如果我们把它定为这学期的目标，就会在意自己是不是达到了目标，又会把注意力放在得失上。

老师：我们即使制定了目标，也不一定必须保证完成，因为它只是一个你有意愿朝着它努力，并指引你前进方向的东西。不要小看自己，以你的年纪能有这样的觉察力并愿意为之努力，你很早就能实现自己的目标，用不了一生。当你实现目标的时候，你会更专注、更有效、更幸福和更快乐地去生活。

我们要练习觉知。一方面培养自己的专注力，如走路时听自己的脚步声；另一方面感知自己的内心想要什么。一个人如果没有活在生命的中心，就会在意得失。这么说你感觉怎么样？

钦晖：我觉得内心平静了很多。生命有很多种可能，我们只需朝着目标前进，不要在意什么时候能到达，不要给自己那么多压力。

——摘自例会记录

18. 这是你和自己玩的一个游戏

老师：我问你一个问题：是什么吸引你一直想做一个孩子？

彧婷：渴望被爱。

老师：你在等谁的爱？

彧婷：很多。除了父母的爱，我也期望得到身边朋友和老师的爱。

老师：他们都在做零售，卖东西都是一件一件、一点一点的。而你需要的是批量的。

彧婷：如果没有得到别人的肯定，我好像就没有办法去爱自己。

老师：这是你和自己玩的一个游戏，要等到别人给你爱，你才爱自己。

——摘自例会记录

19. 尝试关注自己

钦晖：我觉得我总注意到那件事情，好着急。我该怎么办？我可能太愿意帮助别人了，反倒看不到自己了。以后不管清闲还是忙碌，我都要留些时间给自己，觉察自己。一两年前老师就教会了我们这个道理，但是我一直没能做到。

老师：如果你在做事情的时候，花更多的时间关注自己，会怎样呢？

钦晖：我会感觉很有力量，不会害怕，感觉更有勇气。

——摘自例会记录

20. 越是在混乱的世界，越要坚守本分

生命是追求成长的一个过程，追求成长就是生命的呈现形式。生命是否成功，要看身为儿女时有没有孝顺父母，有没有扮演好儿女的角色，身为教师时有没有扮演好教师的角色，身为父母时有没有扮演好父母的角色。人的生命不会脱离具体的事物而存在，生命恰恰是通过具体的事物得以呈现的。生命就像一杯水，在容器里时才能最恰当地呈现那个容器的样子。

越是在混乱的世界里，我们就越要坚守本分，踏踏实实做事，本本分分做人。也许某个选择对自己来说不是最好的，但是既然承诺去做了，就一定要把它做好。踏踏实实本本分分，看上去是慢的，但其实是最快的。投机取巧，看上去是捷径，却会将你引向歧途。当我们完全抛弃小我时，智慧才会被打开。

——王老师

21. 先爱自己，再爱他人

我们要先把自己照顾好，不给别人添麻烦了，然后再去帮别人。我们不鼓励牺牲自己去帮别人的做法。

——王老师

22. 自我关爱是基础，他人的关爱是礼物

自我关爱是基础，他人的关爱是礼物。当别人不能给予你足够的关爱时，不要去问别人，而是要问自己：是什么挡住了自己，让自己不敢自我欣赏？也许是过去的经历，也许是内心深处的潜意识，你要自己去探索答案。当你这样去做的时候，说明你开始有深度地成长了，恭喜你。

——王老师

23. 孤单只是我的感觉，是我的一部分，但那不是我

钦晖：在冥想时我有时候找不到自己，有些不开心。我觉得之所以找不到自己，是因为我从来没有关注过自己，没有和自己在一起。

老师：是谁在找自己？

钦晖：我自己。

老师：你能和那个找自己的自己在一起吗？

钦晖：可以。

老师：那是怎样的感觉？

钦晖：陪伴。

老师：你找到自己了吗？

钦晖：好像找到了（那个寻找自己的自己就是真的你）。

老师：你假设的自己是怎样的？

钦晖：本来以为我要找的那个自己是很神秘的，结果发现，他其实一直都在自己

身旁，我不用去其他地方找，也不用蓦然回首。

老师：做自己的好朋友多好呀，忠实、贴心，永远都不会离开自己。做自己最好的朋友吧。和找自己的自己在一起时，你会发现内心是和谐宁静的，把这种和谐宁静的状态带到生活中，你就能坦然面对生活中的问题。

钦晖：生活中会有很多不开心的事，如果自己能够陪伴自己，没有别人在旁边也是可以的。

老师：我有很多部分，有冷静的部分，有热烈的部分，还有其他部分。当我处于冷静的部分时，我就会感到孤独，觉得冷。但这是我的感受，不是我。我可以探索那种孤独感是怎样产生的。对此你有什么看法？

钦晖：我知道自己有很多部分。但有时候情绪一上来就会把部分当成自己的全部。我看到了来自自己的力量，自己可以陪伴自己、照顾自己，只有自己是最了解自己的。

老师：我们要学习怎样和自己在一起，并发展觉知能力。我教给大家一些提高觉知能力的方法。第一种方法是感受自己的呼吸，第二种方法是在走路的时候感受自己脚上的力量或脚步的节奏。

——摘自例会记录

（三）为人处世

1. 当看到他人发生争执时

当看到他人发生争执时，你需要想清楚以下几点：

第一，他们需要帮助吗？

第二，我是适合帮助他们的人吗？

第三，现在是劝架的合适时间吗？

——王老师

2. 信任与被信任

怎样才能获得别人的信任？

我们只有让别人感到安全、放心，才能获得别人的信任。

如果我们碰到不值得信任的人怎么办？

如果碰到不值得信任的人，我们就要和他保持距离，或者友善地给他提一些建议，帮助他做得更好。

——王老师

3. 要敢于信任他人

即使由于信任他人吃亏了，也比不敢信任他人强得多。

不敢信任他人就代表内心不够安全，内心不安全，生命之光就不亮了。只要生命之光是亮的，我们就可以重获一些失去的东西。

信任是一种接纳和包容别人的表现。

——王老师

4. 要做一个善良的人，我们必须要有智慧

我们在帮助他人时一定要确认对方是愿意改变、愿意成长的。来咨询我的人必须满足一个条件，即愿意改变。如果对方根本不愿意改变，而我还一直给他建议，这不是在帮他，而是在害他，因为这样会让他感到更痛苦。因此，要想做一个善良的人，我们必须要有智慧。

——王老师

5. 拒绝并非不善良

你把拒绝别人当作不善良的表现，你以为答应他就是爱他吗？

我拒绝他了，他就会思考：我们俩关系这么好，你为什么还拒绝我？他感到孤单是

因为他没有学会照顾自己。你是要一直照顾他呢，还是让他学会照顾自己？你总是照顾他，就是剥夺了他成长的权利。如果他一直得不到成长，当你没有时间照顾他时，他该怎么办？

——王老师

6. 享受在一起的时光

我们在一起时就快乐相聚，分开了就相互祝福。不要害怕别离，尽情享受在一起的时光就好。

——王老师

7. 做出选择时分清重点

朱琳：回家之前我和朋友约好了一起吃饭，但是那天叔叔请客，我该怎么办呢？

老师：处理亲友关系时可能会遇到冲突。你在处理这个矛盾时首先要分清谁最需要你。和一个天天能见面、彼此非常熟悉的人相比，一个即将远行、很久都见不到的朋友显然更需要你。因此，当我们需要做出选择时，一定要分清重点。

——摘自例会记录

8. 不要对他人进行说教，而要为他人树立榜样

朱琳：上铺有个人总是用脚碰别人的毛巾。我说她，她不听，我就有点生气。

老师：这是因为她影响你了。

朱琳：她没有影响我啊。

老师：她影响了你做人的标准。

朱琳：我是为她好啊。

老师：人家知道你是为她好吗？你自己有一个标准，然后你用它去管别人。"你知道我毛病特多，你看到一定告诉我。"人家这样跟你说过吗？

我们不要对他人进行说教，而要为他人树立榜样。你可以这样跟她沟通："你有一些不足，我想说说，你愿意听吗？"你只有让她觉得你是出于善意才给她提意见的，她才会听你的。我们为什么在与父母沟通时能做到"怡吾色，柔吾声"呢？因为父母给了我们很多爱。如果我们能用对待父母的态度去对待一个没有那么关心我们的人，我们的人际关系就会特别好。

——摘自例会记录

9. 很多人不是因为你是对的而接受你的建议，而是因为你对他好才接受的

白硕：有个同学总是乱放东西，导致整个寝室很乱，我希望她能收拾得整洁点。

老师：你可以建议她把东西放整齐点，但同时也要做好心理准备，那就是听完你的话，她不会做出任何改变。

为什么你觉得一说，人家就必须得改。因为你觉得自己说的是对的。你这是在用自己的标准去要求别人。你如果强迫对方改正，那说明你不够包容，没有爱心，那你就做错了。你是为了谁而要求她改正的？

白硕：一部分为我，我希望寝室整洁，一部分为她，希望她养成良好的卫生习惯。

老师：首先你需要做到，不管我的寝室多乱，我都是可以接受的。在她没改之前，你还是要一如既往地关心她。然后你要让她相信，你是为她好，和她建立起很好的关系。很多人不是因为你是对的而接受你的建议，而是因为你对他好才接受的。

——摘自例会记录

10. 知目标，尽本分

淑君：我在带家教时遇到一些问题，学生不怎么听话。

老师：这是很正常的。

淑君：和小孩沟通的时候，他太随意，我应该怎么办？

老师：他可以按照他自己的轨道行走，但你要清晰地告诉他界限在哪儿。

淑君：我跟他说话时，他一直摇椅子，我觉得这样不好，想纠正他，但是又怕他产生抵触情绪。

老师：你做家教的目标是什么？（兰海东评：清楚自己的目标，做事情时就会少很多纠结，避免做一些无用功。我们很多时候感到困惑是因为我们忘记了自己的目标）

淑君：教他学习，辅导作业。

老师：你做到了吗？

淑君：差不多。

老师：你刚才说的是行为习惯方面的问题。

淑君：我觉得那也是我的职责之一呀。

老师：你可以和家长沟通一下，告诉家长你发现了问题，问问他们是否需要自己帮助解决。

淑君：小孩会不会觉得我是在打小报告。然后就不喜欢我了。

老师：你是在纠正他的毛病，他肯定会有一个阶段不喜欢你。你可以告诉家长你这样做的必要性，或者你可以直接跟学生说一下，他不听就算了。

淑君：可是我不甘心啊。

老师：如果他没有改正，那能说明什么？

淑君：作为老师，我是失败的。

老师：多尝试！孩子富有好奇心，喜欢玩和赞美。你要先稳住他，然后一点点改变他。

——摘自例会记录

11. 当我不能接纳别人的时候，我能在多大程度上接纳我自己

接纳是指"我虽然不同意你，但我给你一个允许"。忍受是指"我不同意你，我

想改变你，但我改变不了你，所以我放弃"。

当我不能接纳别人的时候，我能在多大程度上接纳我自己？

在任何关系里，我们都要找别人的好处，认自己的不是。当我们感到心里不舒服的时候，多问自己发生了什么。一定是自己的原则和角度出了问题。对别人的不接纳和不包容，其根源都是对自己不接纳和不包容。你担心自己会受他影响。我们只有不断觉察自己，才能更深入地了解自己，不被别人牵着走。自我觉察是完成自我建设的第一步。我们可以通过学习《弟子规》和其他传统经典进行自我觉察和自我建设。

——王老师

12. 你怎么知道你是在帮助别人

老师：你怎么知道你是在帮助别人？第一看动机，第二看结果。当你带队时，你要从队员的利益出发考虑问题。你是为了让队员宣泄，还是为了让他们有更多的收获？听别人讲，那意味着什么？

朱琳：我可能能帮到他。我会觉得这样做比较好。

老师：不是需要你做什么，而是需要你为他们着想。只要是为别人着想，做什么都是值得的。

朱琳：人可以不为自己做事吗？

老师：你为什么会觉得不是在为自己做事？是什么妨碍了你为自己做事？

朱琳：这得问自己。我现在感到很困惑。

老师：为什么困惑？你要学会接纳，就是不管他改不改你都不要在乎。如果自己想帮，但是对方不听，那就不帮。这不是冷漠，而是智慧。

"能帮的就帮"，这背后隐藏着一种弹性，即帮也行，不帮也行，准备好了就帮，没有准备好就不帮。如果不考虑别人的需要，自己觉得应该这样做，就强迫别人这样做，那说明你在人际交往中有很大的提升空间，而且你在和别人相处时，很少觉察到别人的感受，只考虑自己，自己认为什么是对的就去做什么。

——摘自例会记录

13. 学会接纳

接纳背后有一份谦卑，你不能去改变所有人，所以要试着去接纳他。每个人都有自己独特的视角，我们不要被自己的视角限制，当发现不同的视角时，要试着接纳它们。

——王老师

14. 幸福就是自己在做事情的时候能够得心应手

易璐：在带队过程中，我成长了很多，收获了很多。那段经历真的很珍贵。

老师：我们准备得充足，就会享受那个过程。什么叫幸福？幸福就是自己在做事情的时候能够得心应手。因此，要想感到幸福，我们就要不断地提升自己，使自己在做事时能够得心应手。

——摘自例会记录

15. 如何面对不喜欢的人、事、物

一凡：当遇到自己不喜欢的人、事、物时，我们该怎么办？

老师：首先我们要允许自己不喜欢，不必勉强自己，同时我们要意识到，不喜欢的部分也是生命中的资源。如果我们少一些拒绝，多一些接纳，就能和世界更好地相处，我们也能变得更强大。

当我们讨厌一件事时，就会启动很多力量去抗拒它，那我们还有多少力量用到我们关注的事情上呢？因此，我们不要在不喜欢的人、事、物上浪费能量，要学会更有效地使用能量。

——摘自例会记录

16. 聪明的做法是，先把自己的状态告诉别人

瓘珺：当自己想干的事和别人想干的事发生冲突时，我很少会为别人改变自己的计划。

一凡：有时候我想独处，不想说话，但这时候可能会有人问我问题，我就不会权衡了。如果搭理对方，回答他的问题的话，安静的状态就会被破坏，但如果不搭理对方，我又会觉得自己有些不礼貌。

瓘珺：我也遇到过类似的问题。我的室友很喜欢在上课时问我问题，而我一般在上课时不回答她，下课再去问她刚才问的什么问题，并试着解答。

解决这种问题比较聪明的做法是，先把自己的状态告诉别人，得到别人的谅解，那样双方相处起来会更容易。

——摘自例会记录

17. 教练论道：我们知道怎样更好，有向更好的方向发展的愿望，这样就已经够了

一凡：昨天晚上回到寝室后，准备用前一天准备好的一壶热水洗漱，结果发现热水被人用了，我很不开心。我的原则是"做好自己的事，不奢求别人什么，但也不太习惯别人随便用我的东西"。这似乎符合镜像原理。乐于奉献的人，是不是也会期待别人为他奉献？现在的社会提倡奉献为美，那乐于奉献的人岂不是会吃亏？因为他们不奢求别人给予他们什么，不拿别人的东西，但在社会压力下他们必须为他人奉献。当然，现实情况并没有那么绝对，我只是这样假设一下。（那进而推论，是不是人应该和与自己相似的人生活在一起呢？不过感觉两人互补才是最好的。）

瓘珺：相互给予，听起来有点势利。

白硕：我给予，但我不期待收获，有的话更好。这些好像都是有条件的爱。当我想到这些是有条件的爱、虚伪的爱的时候，就会觉得活在这个世界上还有什么意义呀，这种无助感我特别不能接受。无条件的爱和有条件的爱带来的感受是完全不一样

的。我在想：对于队员我付出了我的爱，我可能会得到什么？

瓘珺：你之所以这样想，是不是因为自己没有给自己足够的爱？因为自己获得的爱不够，所以才会一直期待从别人那里得到什么。

白硕：对，这是根源。做某件事之前，我会有种为了获得什么所以才去那样做的感觉。

易璐：既然你意识到了这一点，就说明你已经有了很大的进步。能发现、能知道就是好的。

瓘珺：即便你在索取，但事实上你已经付出了。

易璐：别人对我好，我会感到焦虑，因为不知道怎么还，总觉得好像欠了对方什么。

瓘珺：被爱，你就应该接受呀。要是你拒绝了，对方该多伤心呀。

易璐：我想"与人之交淡如水"。

白硕：如果只有自己给自己的爱，这样会不够吧。

易璐：我们可以给别人一些反馈。但事实上，如果别人给了你什么之后，你一定要给他一个反馈的话，那样容易表现得夸张和言过其实，有点假。所以有时候我不想去反馈，有时候不确定能不能回报给他些什么。

白硕：当我们给你一些赞美，给你一些爱的时候，我们会想让你反馈吗？

易璐：我本能会想到去反馈吧，因为那样的话你会比较开心，起码比较舒服。

易璐：我觉得自己有些伪善。真正做了好事是不用别人看到的，但我不一样，我就希望别人看到。

钦晖：那我们想一想："想被别人看到"的背后隐藏的是什么？

易璐：我想要你知道，如果你不知道的话，我会觉得我对你的好你没有看见，我就会比较失落。也许我们的关系没有那么好，也许你看到了我为你所做的，就会觉得我这个人比较好。

钦晖：两种可能。一种可能是我做了这件好事，没有人看到，只有自己看到了，虽然我已经有了成就感，但我需要用别人的认可来满足自己的心理需求。另一种可能是我们对自己的要求太高，达到"不需要别人的认可自己就很满足"这一境界是很难的。我们知道怎样更好，有向更好的方向发展的愿望，这样就已经够了。

易璐：还有一个问题是：只有我自己看到了有什么用？

其他人：什么有用？你想用它来干什么？

易璐：自己看到了也没有什么用。我再怎么肯定自己，如果别人没有看到的话，就没有什么意义。

白硕：是善良的人更容易被看到，还是不善良的人更容易被看到？

易璐：我宁愿不善良也想有能力。但后来我又想，其实善良和有能力并不是对立的。因此，我要慢慢探索，先去做我想要做的，当我真正变得有能力时，我再看我开不开心。

易璐：如果一个人没有能力，该怎么工作呢？

一凡：看能力大小，大能力者用大能力工作，小能力者用小能力工作。世界那么多人，肯定有能力高低之分。

白硕：你很有能力，也很主动。

——摘自例会记录

18. 道歉的目的是希望对方能原谅自己，彼此还能做朋友

瓓珺：怎样承认错误？

老师：向谁承认？

瓓珺：自己做错事了，感觉对不起人家。

老师：这里面让你觉得困难的部分是什么？

瓓珺：告诉他我的本意不是这样的。

老师：你的目标是什么？让他不那么伤心，我就不那么愧疚？归根结底，你是为了不让自己那么愧疚才想去道歉，所以他必须接受你的道歉，好让你不那么愧

疚。你觉得这样怎么样。

璀珺：都是在为自己考虑。

老师：道歉的目的是什么？道歉是为了让对方能开心一点，让对方感受到自己的诚意，而不是为了让自己不愧疚。道歉的目的是希望对方能原谅自己，彼此还能做朋友。关键是要让对方感受到自己的诚意。

璀珺：有时候我们会把事情想象得过于严重，跟别人沟通之后，发现其实事态并没有那么严重，心中的一块石头也就落地了。

老师：我们首先要学会面对犯了错误的自己，并从中有所学习，然后才能有诚意地去道歉。

——摘自例会记录

19. 对待某些学生就是要慢点来，给他时间

老师：当你希望一个人改变而他拒绝的时候，你该怎么办？

淑君：不是特别清楚。

老师：你就去体验自己那个时候的状态是什么样的。

淑君：我觉得自己在很努力地做一些事，但这些事可能不是别人需要的。

老师：那你怎么办？努力地改变别人以满足自己的需要？

淑君：我学到的部分是，不要老想着改变别人，而是要从自己开始。只有好好尊重自己，才能好好尊重别人，别老把自己和别人纠缠在一起。

老师：你需要什么样的支持？

淑君：不知道。还是得靠自己吧？

老师：道理都清楚了，为什么不去做呢？

淑君：好像还能将就过去吧？我觉得自己应该对自己认真一点。

老师：看清自己，然后做个决定，没有决定就没有行动。

淑君：我很担心她，她很焦虑，我觉得这样不好。

老师：没关系，相信她一定能从中有所学习。当她对你不太信任的时候，她是不会改变的。就算她相信你，也不一定那么快就改变了。但我相信你。

淑君：很感动，能有一个人相信自己、支持自己，这种感觉挺不一样的。

老师：试着相信自己，相信生命，它会自然地成长。有多少相信，就会有多少尊重。我们在学骑自行车时，就得要摔一跤，才会有更多的学习。我会担心自己，也会担心别人会不会撞到南墙，其实撞一下也没什么，不就是撞出一个包吗？每个人都有自己的盲点，有时候我们需要朋友或老师来提醒我们没看到的东西。对待某些学生就是要慢点来，给他时间。

——摘自例会记录

20. 人有一个好的发展，就一定会有一个不错的成绩

淑君：学校里一直存在着成绩、分数等方面的比较。如果我去当老师的话，该如何面对成绩，又如何告诉学生怎样去面对成绩呢？好像我们确实需要对学生成绩做出比较，以便让落后的学生意识到自己还有发展空间，但是这样的比较又会有坏处，所以该怎么办呢？

老师：你认为比较的目的是什么？

淑君：让学生看到别人，看到自己。

老师：作为老师，看到学生的成绩之后，你会做什么？

淑君：反思自己的教学情况，分析学生之间的差异以及他们对具体知识的掌握情况。

老师：你把他们掌握知识的程度和他们画等号了。做老师应该先要看到这些学生，然后再看到其他的东西，比如成绩。

淑君：体会到这一点之后，我觉得自己好像没那么大的压力了。到学校之后，我一直用各种指标评价自己，感觉压力挺大的。我觉得自己有些心虚，毕竟没比他们多学几年。

老师：如果学生自己喜欢的话，就会很高兴地来上课，然后顺便学些东西。因

此，我们要先让氛围好一点，然后再去关注学习。很多人为了比较牺牲了很多东西，如快乐、友谊等，生命中只剩下成绩。有些人一旦无法取得好成绩，就会觉得人生毫无意义，这是一种不健康的心理。做老师就要有良心，要知道怎样做才能对得起这些学生。老师要关注人的发展。人只要有一个好的发展，就一定会有一个不错的成绩。

淑君：哪怕是最后一名，他依然是快乐的。

老师：你要对这个人有信心，用分数看人其实是挺搞笑的。

淑君：对自己的态度会影响自己对别人的看法。

老师：你怎样对待自己就会怎样对待别人，如何评价自己就会如何评价别人。

——摘自例会记录

21. 善恶不是外在的行为，而是内在的显现

老师：赫倩倩，你现在是一种什么状态？

赫倩倩：我现在的状态很好，我感到很幸福，但是我觉得不够，我想要用自己的一点力量去帮助别人，我爱别人的愿望更强烈了。看到别人需要帮助时，我很自然地就想去帮助他们。如果我只接受他人的爱，感觉就有些自私了。让爱流动起来才是更好的。

老师：爱只有流动起来才会长久。

赫倩倩：那我们究竟该怎样去面对恶呢？

老师：你认为呢？

赫倩倩：如果他对我恶，我不应该受影响，我只要做好自己就行。如果我受到影响的话，我也就变得不太好。

老师：对于不喜欢的东西，我们可以选择不去理会，对于恶的部分我们可以进行反击，但是反击并不代表我们不善良。比如，当你看到有人在实施犯罪行为，你将其制服，那就是大善。许多善恶不是外在的行为，而是内在的显现。

——摘自例会记录

22. 用自己的生命去影响他人的生命

老师：学生需要什么？

淑君：他们需要关心和认可。

老师：你要怎样去帮助他们？

淑君：我是他们身边的人，能做的就是去关心他们，也希望他们能关心自己。

老师：怎样能让你的关心不被替代，并能开启他们对自己的关心？

淑君：尊重他们。

老师：相信他们。

淑君：跟他人相处时，我们要用自己的生命去影响他人的生命。之前觉得自己什么都不懂，什么都不会，现在觉得再让我去面对这些学生的时候，我会很轻松、很快乐。

老师：走之前，能不能把你当教练对你当老师的影响写出来？

淑君：好的，我试一下。

老师：每个生命都是经过很多滋养之后才会变得很有力量的。

——摘自例会记录

23. 既要对他人负责，又要保护好自己

一凡：我不太喜欢很强势的人，尤其是能力不高却很强势的人。

老师：所以对于那种能力很高且很强势的人，你是可以接受的。认识到这一点，你有什么感受？

一凡：就像一个自由流动的市场，每个人表现出他应该有的样子。

老师：你批评别人的背后隐藏着掌管和推动。就像在推别人的时候，如果用力恰到好处，你就可以刚好帮他越过水坑，如果用力太重，你就有可能会使他撞到车上。因此，帮助一个人，是需要很多责任感和爱的。一凡，对此你有什么感受？

一凡：我们要避免做那个不负责任地推别人的人。当我们遇到这样的人的时候，

要学会保护自己。

——摘自例会记录

24. 舍友之间应相互体谅

一凡：我们不一定会喜欢所有队员，但一定要学会尊重他们。虽然这样说，但在生活中真正遇到不喜欢的人时，我还是没办法做到视而不见。有人在宿舍一直打电话，我觉得他应该出去打。否则会影响我的状态。

老师：怎么影响？

一凡：比较吵，让人感觉他不考虑别人的感受，我很不喜欢。

老师：他没有考虑别人的感受，这让你感觉不舒服。你就想改变他，当无法改变他时，你就会很痛苦。他就是这个样子的，你应该学会引导他或者跟他好好相处。舍友之间不能靠规则来约束，而应该相互体谅。你应该让他感到你很在乎他，而不是你希望他变成另外一个人。

一凡：我的出发点不是改善两个人的关系，而是想要改变一个人。

老师：你要么增强耐受力，直到不受影响，要么改善与他的关系。

一凡：我觉得我现在正在翻越一座高山，翻过去了，我就会有很大的提升。能够接纳自己和接纳他人，会使我更开心。

老师：也不全是这样。你可能还是会不舒服，但那种不舒服的状态持续的时间会比较短，而且对你的影响也不会那么大。

——摘自例会记录

（四）和父母的关系

1. 和父母建立良好的关系是人际和谐的根本出发点

如果和最爱自己的人都没法和平相处是不行的。和父母的关系怎样就决定了和其他人的关系怎样。和父母建立良好的关系是人际和谐的根本出发点。

——王老师

2. 如果你找到了这样的自己，你就会吸引到相同频率的人

钦晖：老师，我不太理解您要我们思考的问题，即如何看待别人为了达到目的而使用的方法。

老师：有些人选择用某些方法满足自己需要的时候，伤害到了别人，这会让你用新的视角看人。比如，一个人在学校被欺负，他可以忍耐，也可以选择求助他人或者找人来帮他打架。做出正确的选择是很重要的。有时候我们无论选哪个选项都是痛苦的，如果不想面对痛苦，我们就要去选择别的道路。我希望你们能用一些新的视角去看待人和事。每个人都要去选择一种方法面对人生。找到满足自己需要的合适方法，是生而为人的责任。

钦晖：当我还是小孩子的时候，我很依赖爸爸、妈妈。

老师：尽早学会照顾自己，不让父母操心，就是孝顺。我们应该找到生活的方向，活出生命的意义，并在这个过程中，了解自己是谁，想要什么，怎样满足自己的需要。当你听到这些后，你有什么样的感受？

钦晖：我感觉我很重要。

老师：任何人你都可以拿来当作参考，但你自己要成为那个对自己最重要的人，当你可以这么做的时候，你自然就充满了爱并乐于奉献。这样的奉献无须伪装。希望大家在年轻的时候，可以了解一个人应该怎样过，不用去浪费时间。如果你找到了这样的自己，你就会吸引到相同频率的人。

——摘自例会记录

3. 当父母吵架时，不要去评判或者教训他们，而要去爱他们

老师：人们成长和成熟的动力来自哪里？来自对别人的关心。孝是论心的，一味地等待就代表着索取。

对于家人，我们现在可以做的是给予他们爱。即使他们不完美，即使他们没有做到令我们十分满意，我们还是要爱他们。

当父母吵架时，我们不要去评判或者教训他们，而要去爱他们。你可能觉得自己

受到了很多伤害，所以你很冷漠，你之所以伤害别人是因为自己没有得到关爱。如果你站在了评判者的位置，成了法官，你为妈妈打抱不平，那样就会妨碍你和你父亲的关系。对爸爸该怎么爱就怎么爱，你可以给妈妈支招儿。

白硕：我觉得让妈妈自己应对这一切，她很可怜。

老师：你如果站在她那边，她就会觉得自己有依靠，就不会轻易改变。你这样其实是害了你妈妈，你知道吗？

当他（爸爸）不做出改变的时候，你可以首先把自己照顾好，然后用你的正能量去帮助他。如果你觉得自己和父母关系非常好的家庭里的孩子一样健康、快乐，你就弥补了父亲的过失。我们在内心深处其实一直希望有完美的父母、完美的家庭，但与其向外求取，不如自己满足。

当你怀着感恩之心和父母相处的时候，你们的关系就会越来越好。父母为我们做了多少事，为我们操了多少心，当你想到这些的时候，你就不可能变得消极。我们要学会从平凡的生活中看到美好。如果明明知道父母做得不对，但也不会生气，那说明你成熟了。我们做错事以后希望得到别人的体谅和理解，父母也一样，他们也需要被体谅、被理解。如果你对父母都做不到体谅和理解，就不可能对周围的人做得到。我们不该抱怨父母给自己的不够多，而是应该学着与不完美的父母和谐相处。当然我们也不能一味地顺从，既要照顾父母的感受，又要真诚地表达自己的想法。

——摘自例会记录

4. 跟父母的关系越好，我们就会越快乐、越自信

孝是人的一种正气，生命不圆满，力量就出不来。跟父母的关系越好，我们就会越快乐、越自信。我们已经学了一学期《弟子规》，希望寒假回去你们可以对照着《弟子规》一条条去做，相信你们会有很大的改变。

——王老师

5. 怎样爱父母

白硕：我发现自己真的是大逆不道。父亲给予我很多关爱，但是我不想接受。以前觉得他像冰山，我是小火苗，没法融化他。

老师：你冷淡他，他就是冰山；你温暖他，他就融化了。你开启了做教练最重要的一步——爱自己的父母。父母是根，我们是枝叶，根苗壮了，枝叶自然茂盛。世界上最美好的东西是自然而然生发的。

白硕：我还是找不到去爱他的方法。

老师：很简单。首先你把你的生活和学习调整好，独立生活和成长，找到好工作。当面对一些事情的时候，无论你父亲对你好不好，你都不要对他有那么多抱怨和要求。如果我们的心很坦荡，事情也会顺利。最重要的是我们不要再纠结于没有结果的事情（要求父母变得完美），而要去做真正有意义的事情。

——摘自例会记录

6. 爱父母，没有最好的方式，顺其自然就好

对照《弟子规》，看看自己做得怎么样，家人有没有因为你的存在而更快乐，看到你时，他们是否开心。

爱父母，没有最好的方式，顺其自然就好。无论自己追求什么样的生活，都要滋养好自己的根。让父母开开心心，立身扬名以显后世，那就是做到极致了。大家有空可以读读《王凤仪讲人生》《来自山沟的大智慧》《刘有生演讲录》。

——王老师

7. 照顾好自己，不让父母操心是最基本的孝顺

赫倩倩：之前我认为，如果父母过得不好，而自己过得好就是一种不孝的表现，但现在我认为父母希望我们过得好，只有我们过得好，才能帮他们分担。我们不能依附父母而活，应该先照顾好自己，只有我们过得好，父母才能少操心。

老师：这是一个特别好的话题。《孝经》说，身体发肤，受之父母。就算我们掉一根头发，父母都会特别心疼。照顾好自己，不让父母操心是最基本的孝顺。只有自己处于比较好的状态，才能帮助周围的人、帮助父母。我们从父母那里获得了很多东西，因此无论自己有多大的成就，都要保持谦卑之心。我们要明白，没有父母的支持，就没有现在的成就。在内心深处，我们要把父母放在很重要的位置上。如果与父母的关系不好，我们就会感到不安、不自信。否定父亲，会使我们产生无力感和不安全感；否定母亲，会导致我们与别人比较疏远。

——摘自例会记录

8. 孝顺不是全听父母的，而是看得更深，知道什么更好

老师：希望你在找工作时可以把握好一个大致的方向，即对自己有帮助，对别人有价值。只要方向对了，你干什么都是可以的。如果觉得现在的工作不适合自己，你可以换一个，在不断的尝试中找到适合自己的选择。

鸿娟：我担心这样会伤害到我爸妈。

老师：想想你爸妈会因为什么而受伤。

鸿娟：别人的言论会影响到他们。

老师：他们有时候确实会被别人的言论控制。

鸿娟：我觉得挺对不起他们的。

老师：假如你有一个孩子，他因为害怕你受伤害而不敢做出选择，你会怎么做？

鸿娟：我会让他不要考虑我，走自己想走的路。

老师：有可能你的父母也是这样的。

鸿娟：但是他们表现出来的不是这样的，我觉得他们担心的是他们的面子问题。

老师：如果你没有照顾他们的面子而照顾自己的幸福会怎么样？你知道对于他们来说什么才是最重要的吗？父母最看重你的幸福。如果在父母做得不成熟的点上你能做得更好，你就可以弥补他们所缺失的部分。孝顺不是全听父母的，而是看得

更深，知道什么更好。

鸿娟：我还是要先找到自己想走的路。

老师：我们要学会做自己。就算有一次你选择错了，也没有关系。对自己不诚实，不做自己，是对世界最大的伤害。我们每个决定都会对世界和周围的人产生影响。只有自己做一个快乐的人，才会让周围的人快乐。做自己，是走出成功之路的第一步。

——摘自例会记录

（五）为自己做选择

1．有时候你还没有成熟，选择就已经来到你的面前

鸿娟：我也毕业了，要面临找工作问题。我觉得那没有什么大不了的，不合适到时候再换嘛。

老师：如果要求自己必须选择很准，就会有很大的压力。知道自己想要什么，是一种成熟的状态。有时候你还没有成熟，选择就已经来到你的面前。这时候你可以先做出一个选择，然后一步步去探索。你们会有很多选择的余地，干吗非要强迫自己一次就做出最好的选择呢？成长的道路上充满了尝试和探索，不要走了弯路就害怕。人在年轻的时候会遇到非常多的不确定，这就是年轻的代价，你是没有办法跳过这个步骤的，你需要慢慢地探索。

——摘自例会记录

2．我们没有方向和目标的时候，内心就会处于混乱状态

瓘珺：方向和目标对我来说有什么用？

老师：我觉得你的思路不够清晰。当我们没有方向和目标的时候，内心就会处于混乱状态，自己就会很痛苦。当我们有方向和目标时，心中的力量就会被激发出来，我们就会感到很快乐。当我们没有目标的时候，就容易随波逐流。

人真正要活得幸福和快乐，容易，也不容易。生命中深层次的朝气、健康需要被展示，否则就会被其他部分控制。能力需要有方向引导，有纪律约束。我们需要确定

好人生的大方向，然后去探索和体验，最后做出决定。有了目标，不等于受到束缚，它能让自己过得更幸福。

——摘自例会记录

3. 找到内心的方向

赫倩倩：不知道什么时候能清楚自己的方向。

老师：你想快点知道吗？那你就每天问自己。我花了很长时间才听到那个声音，你可能比我快点。你已经很幸运地听到这个声音了。过最平常的日子，时刻保持对这部分的觉察，这是我知道的最快的方法。

我和你们分享一下我的经历。我很辛苦地才找到现在这个位置，我学了五年医学，考了三年研究生，才来到师大。所以我特别珍惜现在的一切，立志要做最好的心理咨询师，处处以"第一"的水准要求自己，看各种各样的书籍，参加各种培训，所以在专业上我做得越来越好。但是，有很长一段时间，我觉得自己总是在一个地方停滞不前，后来我的身体出了点问题，我就发现我太投入了，于是开始慢慢地做减法。在一次课上，突然，一个画面非常清晰地呈现在我的眼前，我看到一列火车穿行在原野上。我突然意识到，那个状态和我之前所有的状态都是一样的，唯一不同的是，那个状态是明亮的。于是我确定，我这一生要过一个"人"的生活。

当我清楚这些之后，在做选择时就会特别容易。我不需要额外去做什么，也不去刻意改变什么，因为我知道，我的状态比我做了什么更重要。

——摘自例会记录

4. 先学做人，再去做事

朱琳：我不知道以后要干什么。

老师：你就记住一个原则，把心摆正，不投机取巧，不贪图享乐，先学做人，再去做事。

——摘自例会记录

5. 如果自己不想探索，又没找到指引自己的人，那就在黑暗里待一会儿

白硕：我们需要不断探索，加深对自己的了解。

老师：现在你所走的路可能根本到不了你要去的地方，因为你连自己的目标和方向都没有定下来，就开始走了。进入商场，每个人都有自己想买的东西，但是你觉得探索自己想买什么太浪费时间了，于是决定还是快点走完吧。

白硕：探索自己想要做什么和做具体的事，是"务实"和"务虚"的区别。让我停下来去做"务虚"的事情挺难的。

老师：因为看不到结果，是吗？草和树的区别是，草的根长得很快，树的根长得慢但扎得深；草一拔就起来了，但是树却不容易被撼动。

白硕：看不见的东西其实是最坚实的东西。我们虽然懂很多道理，但并不一定能做到。虽然听到大家探索自己，但我还是不知道怎样探索自己。即使找到了一条路，但我依然不敢去走。

老师：是什么妨碍了你？

白硕：我看不清这条路有多长，也不知道这是不是我想走的路。

老师：让你的心带着你走。人在黑暗中的时候看不到光明，看到的时候又觉得很刺眼，所以需要借助别人的指引走向光明，但不是那个人给了光，光本来就在那里。借助别人的指引，这是一个选择。如果自己不想探索，又没找到指引自己的人，那就在黑暗里待一会儿。

——摘自例会记录

6. 勇于尝试

边航：当发现自己想要得到某种生活方式时，我们可能需要时间去探索它是否适合，这需要一个过程，对吗？

老师：是这样的，需要一个过程。就像买鞋一样，只有挨个试了才知道是否合脚。去尝试，合适就保留，不合适就换。

边航：尝试是有一定成本的，如果不去做这个，我们还可以做别的事。

老师：不尝试也有成本。就像打高尔夫球，刚开始打的时候，我们的肌肉没有那么大的力量，后来有力量了，我们就要控制姿势和力度，并不断调整姿势和力度。

边航：也就是我们要更多地觉知自己。

老师：是的，如果我们不知道自己想要什么的话，即使面对考雅思还是考研的问题，也会感到很纠结。如果我们知道自己想要什么的话，就能轻松地做出决定。勇于尝试我们才能知道自己需要什么，也才能知道什么最适合自己，知道这些后，就会更容易确立目标。我们要做自己的人生导师，为自己确立正确的方向。

——摘自例会记录

（六）生命核心处

1. 感知力和觉察力

感知自己身体的状态就是感觉，感知自己心理的状态就是觉察。你的感知力和觉察力从来都没有消失，只是看你愿不愿意使用它们。

——摘自例会记录

2. 觉知能力越强，你离自己的中心就越近

王永：您说，掌管自己的时候，是没有期待和得失的。

老师：有期待，有想法，也有喜怒哀乐，但是目标没实现的时候，我们也没必要那么失落。

王永：期待是怎么来的？

老师：期待是满足需要的一种途径。比如，身体需要水，你的期待就是喝到水，当没有水的时候，你会失望。你能住在自己的核心吗？

王永：您说的核心，是指去感受和觉知吗？

老师：是的。去觉知自己，觉知能力越强，你离自己的中心就越近。

小龙：我觉得觉知背后的东西太多了。

老师：当你的觉知范围很窄的时候，你就只能看到一小部分东西。当你扩大了觉知范围后，你就可以看到更多东西。提升自己的觉知力需要练习，练习的方法有练毛笔字、专心做事、认真阅读经典等。

小龙：做这些事时，我们的注意力都聚焦在一个点上。

老师：当你的注意力聚焦在一件事情上时，你的觉知力就练出来了。

小龙：我感觉我们是通过一点来培养觉知力，然后再把它运用到其他方面。

老师：当你练哑铃的时候，你是在练习你的力气。当你专心做事，达到忘我的境地时，你就接触到了那个智慧，启用那个智慧可以帮助你做很多事情。

——摘自例会记录

（七）有关情绪管理

1. 你是被"快乐"吸引，还是被"痛苦"推动

人在做每一件事情时都会有自己的目的和目标，外在的目的和目标能够满足内在的需要。目的是必须要怎样、不得不怎样，由压力、痛苦驱动，目标是可以怎样、想要怎样，由幸福、快乐吸引。我们要在目的和目标之间做出选择。这两种方式带给人的体验完全不一样，它们分别代表着生存能力和成长的动力。

当你看着悬崖倒退着离开的时候，你会走得比较慢，但是当你背对悬崖，朝着目标前进的时候，你会走得比较快。

——摘自例会记录

2. 提升专注力和改善睡眠的方法

提升专注力的方法：

走路的时候，专心听你的脚步声。

没有什么事可做的时候，就去听你的呼吸声。

改善睡眠的方法：

我之前试过戴眼罩和耳塞，但发现只有在自己心静的时候这种方式才有效。后来我发现，当我专注于我的呼吸时，很快就能入睡。

现在我们缺的不是别的，是专注力。我们今天之所以花这么长时间讨论这个，是因为我发现幸福感的产生源于自己的专注力。

——王老师

3. 冥想中的想法和情绪

赫倩倩：我在冥想时总会有一段时间是游离的，有时候有画面感，但是跟身体的感觉还是很远。

老师：比如，我特别喜欢边航，每次都注意她，然后就把其他人忘掉了。我每次思考时，就把身体忘掉了。觉察到你在思考就可以。

赫倩倩：有时候不是完全在思考，是思绪飘飞。

老师：你不觉察的时候它也在飘飞。思绪就像水枪，一旦被触发就停不下来。不要试图截断它。你要想参与冥想，就要接纳发生的一切，允许一切发生，但是不要被卷进去。

赫倩倩：我觉得不能被那些东西带着走，它们走过去的时候我们会有一些感觉，我们更应该关注那些感觉，而不是被它们吸引过去，顺着它们一起走。

老师：我们需要更多地觉察自己，而这种能力是需要练习的。觉察本身不是目的，但它可以引领你去接触你内在的力量。生命有一种没有理由的自信和没有理由的爱。

赫倩倩：我觉得自己挺缺乏这些的，走路时特别快，很少停下来去感受。

老师：当你觉察到自己走得很快时，就看看这个速度是否适合你自己。如果觉得适合你自己，那就继续保持这种速度。这是觉察后的选择，而不是无意识的。成为自己的主人，否则你的习惯、价值观和偏好就会成为你的主人。你要决定为自己而活还是为你的习惯而活。比如，酒鬼就是为他们喝酒的习惯而活。如果你不觉察，不小心就会跳到这个习惯中，那是很可悲的。

老师：我们要想掌管内在的感受和外界发生的事，最好的方法是要先接纳它们。那些感受的产生是你身体的自然反应，我们无法抗拒和改变，所以我们要允许它们的出现。允许它们并不等于不保护自己，就像下雪了我们可以穿得厚一些或去一个暖和的地方，但是我们允许寒冷的存在。对于内心自然发生的事情，我们不要花费力气去对抗它，也不要受它控制和伤害。比如，当我们无法抗拒消极情绪出现时，我们要学会驾驭它，让它自然地消失。你如果对抗情绪，就会被它掌管。

接纳它，尊重它，给它空间，让这个情绪自然地过去，你就自由了。这是我们对待我们内心世界的方法，同理，对待我们周围的人和事也是这样的。你有和小孩相处的经验吗？他们四五岁的时候就是爱玩、爱闹，那是他们的自然状态，你要接受，不要抵抗，等他们玩累了就睡了，你就可以有时间干自己的事情了。如果你不让他们玩，非要去管束他们，你也就失去了真正的自由。

当你接纳的时候，你的心是定的，有些智慧就会自动冒出来。当你不去对抗的时候，你的内在就是稳定的。当你的内在不稳定的时候，对外在的要求就会很高。学会怎样掌管你的内在，你就知道了怎样去生活。如果真正懂得一个人，就知道怎样与之相处。你创造一份爱，就会得到一份爱。你想要得到爱，就要先爱自己。

——摘自例会记录

4. 情绪管理的精华

老师：我们要尽量避免受到消极情绪的影响。在情绪没有很强烈的时候，我们就要感知到它。产生负面情绪的原因有两个，一是对现实生活有太多的期待，二是平时被强行压下去的情绪又被激发了。因此，如果产生了情绪，我们就去接纳它。你认为呢？

钦晖：还是好好和自己相处吧。情绪来的时候我们只要看到它就行了，不要把它当作了不起的东西。

老师：如果小狗在叫的时候你不理他，它就会叫得更厉害。如果你安抚它，它就会好一点。我刚刚把情绪管理的精华都告诉你了。

5. 让情绪当你的舞伴吧，虽然有时候也会被踩脚

赫倩倩：我状态好的时候就觉得身边所有的东西都是完美的，但不好的东西一出现，自己的状态就会特别不好。

老师：你不喜欢的东西也有存在的权利。比如，战争、杀戮都有存在的理由，不以我们的意志为转移。就像在水里，有的力量会拖着你到水底，而有的力量会托着你到水面。

赫倩倩：举个例子，我在学游泳，现在还没学会，所以见到水就有点害怕。

老师：水能载舟，亦能覆舟，不要被水控制。别把生命交给水，要交给自己。

赫倩倩：嗯，这个比喻很贴切。

老师：让情绪当你的舞伴吧，虽然有时候也会被踩脚。

——摘自例会记录

6. 照顾好自己的生命

老师：你在很努力地做一些事，但却感受不到幸福和快乐，那是因为你没有照顾到你的生命，你认为只有成功了才会体验到幸福感。

瑾珺：是的，我们要把生命先照顾好。您刚刚讲的是我这半个学期以来所处的状态。因为没有照顾到生命，所以我在做事时也感受不到快乐。

老师：我们所拥有的一切都是生命的附属品。当附属品太多的时候，我们就会被压得喘不过气来。因此，我们要权衡生命和生命的贡献。生命的贡献是扩展生命的一种形式，若我们为了它而忽略了对生命本身的照顾和关怀，生命就会枯萎。

瑾珺：我好像把不太喜欢而需要做的事看得太重要了。

老师：做一件重要而不喜欢的事可以，但是做三五件喜欢的事，会让自己更快乐。当你照顾好自己生命的时候，你所做的每件事都会让你有所收获、有所成长。

瑾珺：我对自己过去的状态有了新的认识。我决定去尝试一种新的做法——照顾好自己的生命。

老师：恭喜你有一个新的开始。

——摘自例会记录

（八）成长之路

1. 成长就是朝着积极的方向努力

成长的路不会一帆风顺，成长是没有终点的。只要我是在朝着积极的方向努力，即使短时间内看不到进步那我与以前也有了天壤之别。

即使现在不够成熟，但比起成熟与否，我们面对消极状态会对队员产生更大的影响。

我们要学会对自己负责，一边学习，一边成长，这是人生的历程。成长训练营就是为了让队员在活动中获得成长，从而拥有更多的自由。

生命本来就是要成长的，成长本身就是生命的自然呈现。

——摘自例会记录

2. 我是这样成长的

梦鹤：现场应该怎么做？

老师：只有做过之后，我们才能知道到底怎样做才最合适，就像过河时，我们要亲自试探水的深浅一样。人不可能踏进两条一样的河流。带队也是一样，我们每次所带的团队都不一样，总会有新的状况出现。我特别喜欢这份工作，我当时是研究生，学的是运动心理学，心想正好可以当教练赚点钱。每个周末，我都唱着歌去营地，一到营地可开心了。队员们爬上爬下，虽精疲力竭，但也很开心。虽然活动结束后我还要做苦力——收拾器材，但可以跟一群人共同经历一些事情，共同成长，我感到收获颇丰。我本来是一个特别腼腆的人，很不自信，但做了教练之后，我的改变特别大。

本来实习期是三个月，但刚一个多月的时候，我就开始带队了。没有人告诉我怎样带队，我每次都用脑筋急转弯，带着他们走，引领他们走，把他们带到主题中去，这成了我独特的带队风格。我的队员年纪都比我大，个个是老总。所以刚开始带队时，我有点不自信，但是后来我发现，人性在本质上是相似的，比如我们在面对断桥的时候都会害怕。

于是我开始不断学习，慢慢锻炼胆量，并总结出对团队的一些理解和管理策略。我意识到团队合作的重要性，我学会了合理分工和统筹协作，我清楚地知道团队目标。经过不断探索与实践，我的领导力有了很大的提升。我变得自信了。当我得到队员认可的时候，我的自信心更强了。我在带队中学到的经验会加深我对其他问题的理解。我想说的就是，各位，在没带队之前你们可能会对自己有很多怀疑，但带队之后当看到自己被接纳和被欣赏时，不仅会变得自信，还会对自己更加了解，知道怎样去改变、去成长。我认为这是在成长训练营做教练最大的收获。

——摘自例会记录

3. 成年人的学习方法是了解、理解、实践，反复好几轮

亚军：我怕早晨读经时如果自己不去会被认为不负责任，但是身体确实很不舒服，不想起床。我该怎么办呢？

老师：能放下就放下，放不下就不放。有些人能坚持，而我做不了，这也很正常。不用感到不安。如果你觉得读经比较重要，而且你也答应要去了，你就要放弃一些东西。这就是我自己的选择，选择造就了现在的我，我要为我的选择负起责任，而不是什么都想要。

你学东西很杂，没有深解其意，所以一到落实就乱了。你要明白，任何状态都是最自然的，纠结结果反而会让事情变得复杂。现在的读经运动太追求规模，反而失去

了意义。你可以尝试把读经变成一件有趣的事，让所有人都愿意主动去读，而不是必须有人引领，你还可以找到一些真心喜欢读经并愿意引领的人，这样团体就可以接纳你的偶尔缺席。如果你不去大家就不读了，你就要反思一下，是否自己太过于追求自己对他们的影响力了。

亚军：我觉得读经必须有个标杆，让大家都看见，他们才会有动力。

老师：但是标杆要自然才好。我们并不是要求大家做到形式上每天都去，而是希望大家在读经的过程中吸收营养和智慧，获得一定的启迪。

老师：不谈读经的问题，我们来谈读经带领人的问题。到底是他们这么想，还是你这么想？

亚军：好多都是我自己幻想的。

老师：每天读经这个形式本身就存在一些弱点，感觉它不是让人真的体会读经的乐趣，而是硬撑着一种场面。这不是你的问题，而是形式本身的问题。如果读了10年经才有所收获，那还是找找别的更稳当、更有效的方法吧。什么都别想，只管读，这个方法适合吗？对于小孩可能适合，但对于成年人可能会事倍功半。

成年人的学习方法是了解、理解、实践，反复好几轮。比如在成长训练营，我们会先让队员背诵《弟子规》，然后让他们在生活中运用，看哪个地方不通再与大家讨论，然后再去实践。

——摘自例会记录

4. 答不出来又怎样

朱琳：我很紧张，怕答不出来。

老师：答不出来又怎样？

朱琳：感觉自己没有很好地展现自己，觉得自己做得不够好。

老师：学习新东西很难。你只要今天做过了这件事，就会比昨天进步一点，不要在乎结果怎么样。不断地做，一次进步一点点，这是历程。按生命的规律去做，也许做好是下次，是下下次。告诉自己："我不是超人，我要一点一点地积累才能进步。"默默地做自己该做的事，慢慢地成长。放下虚荣心，就不会因为他人负面的、不公平的评价而受伤。只要尽好本分，坦荡做人就好，不要在乎别人对自己的评价，他们又不了解自己。

——摘自例会记录

5. 上瘾不是问题的根本，要看上瘾的时候，你是在躲避什么

廖莹：一个人对某件事上瘾了怎么办？

老师：上瘾不是问题的根本，要看上瘾的时候，你是在躲避什么。

廖莹：我很烦，明明有事要去做，而且是很重要的事，却不想去做，躲着看小说。

老师：看小说是躲避，但不是上瘾，只是为了获得暂时的安稳。要去做的那件事是什么？

廖莹：写论文，找实习单位。

老师：开例会，我觉得很重要，很有价值，值得我去做，内心深处我对它很接纳。不喜欢做某件事，是因为我们没有看到它对自己的价值。当作自己不喜欢的事时，我们需要做很多预备工作，调整好心情，还要挖掘它对自己的意义，从心里接纳它，知道它是生命中的必经之路。

廖莹：有时候看小说会忘了时间。

老师：做事的驱动力量有两种，一种是在和谐的状态下，由内在的动力驱动；另一种是在恐惧的状态下，由压力驱动。

我们要在观念上做出改变，对于论文有清晰的认识，并把它当作朋友，知道完成论文后才能拿到文凭。只有先把状态调整好，才可以高效地去做事。

廖莹：我现在感觉舒服多了，之前总是用抱怨的心态去做事，肯定是做不好的。

——摘自例会记录

6. 失败有什么价值

老师：我们能从过去学到什么，从而让自己的未来变得更好？我们能不能接受并感谢那份过去，从而让过去变得很有力量？我们怎么能帮助别人面对失败？

白硕：我们要先看清楚自己，肯定好的方面，改进不足的方面。

老师：不管自己做得好不好，我们都要欣赏自己的努力，以及在失败中的学习和收获。我们需要思考：怎么能从失败里找到价值？失败有什么价值？

白硕：警示我们。

老师：失败可以为自己提供改进的方向。即使失败了，我们也有很多付出，所以我们要欣赏自己的努力，欣赏自己的反思。

——摘自例会记录

7. 坦然接受自己的局限性

易璐：我对自己不太接纳，对队员也不太接纳。我该怎么办？

老师：那就接纳自己目前的状态吧。你要能接纳自己的局限性。要相信，自己可以对团队做出很大的贡献。尽力做自己能做的，并想办法提升自己。我这么说你学到了什么？

易璐：坦然接受自己的局限性。

老师：学会接着欣赏这个世界。虽然你还没有达到对任何人都可以不产生负面情绪的高度，但你正在朝着那个方向前进。承认自己的不完美，尽力去做就可以了。活在当下，尽可能挖掘我们的潜能，用我们的潜能弥补我们的局限性。我要早用这个方法，我会成长得更快。我不准备评判我的过去，但我确实会欣赏我现在的努力。

——摘自例会记录

8. 思考少一些的时候，就会有更多能量去体会和觉察

一凡：多去做事，少去思考，这样做对吗？我思考比较少的时候，会觉得更轻松。

老师：思考会耗费很多能量，很多思考只是在假想，对解决实际问题没有帮助。人越有压力，越容易去思考，而思考所耗费的能量却是真正能帮助解决问题的。能量本身不能解决问题，但我们可以用它去体会和觉察。当你思考少一些的时候，就会有更多能量去体会和觉察，这也就是你做事情更有效率的原因。

——摘自例会记录

9. 关于拖延

拖延症是自我掌管能力不够的表现。拖延症是没有被解决的情绪问题，是内心不够和谐的表现。拖到不能拖的时候才去做，那是因为力量不够，被情绪掌控了。我们要先从身体开始，让身体的能量通畅一点。

——王老师

10. 关于成长

成长就是对世界的本质有了自己的理解，并能与这个真实的世界和谐相处。

——王老师

11. 一个人为这个世界做出贡献的时候，会体会到一种来自生命深处的幸福感

王永："五一"期间都在建模，这个过程好辛苦。之前听师兄、师姐说辛苦，我还在想，有这么夸张吗？最后发现真的好辛苦。但是朝着目标前进的感觉棒极了！我们三个人一起坐在电脑前，搜索资料，写文章，并肩作战，感到很快乐。

老师：这种快乐叫作忘我。有的人只有在极度危险的时候才能够达到忘我的境界。当我看着你的时候，我觉得我们很远；当我们一起看着远方的时候，我觉得我们很近。一个人为这个世界做出贡献的时候，会体会到一种来自生命深处的幸福感。很多人通过爬雪山或去探险来获得这种感觉。这种感觉能让人暂时忘记烦恼和痛苦，让

人聚焦当下。而在平时的生活里，有些人是难以体会到这种感觉的。

这个世界是很公平的。那些真正为世界做出贡献的人，那些进入忘我境界的人，是能够得到幸福和快乐的。

王永：我们能否让这种感觉成为常态呢？

老师：它是否能成为一种常态，取决于你能够在多大程度上回归生命的本源。当你回归生命的本源后，在日常生活中也会有那种忘我的感觉，既能发现这个世界的美好，又能纯然地体会自己。

王永：道理很明白，但我觉得很难达到这种境界，只顾升学，处理人际关系，忘记了自己内在的成长。

老师：夫唯不争，故天下莫能与之争。当你与世无争的时候，你的收获一定更多。如果你带着具体的目的去生活，如获得奖学金、保研资格等，你就会被目的所束缚。当我确定要走一条道路后，就算比别人晚五年或十年才能成功，我也是可以接受的，因为这样的生命节奏是我所喜欢的。当你越来越顺的时候，再读一个学位，那多有意思，比和别人竞争一个职称要好得多。当我们无法理解生命本质的时候，就很容易受到别人影响，所以我们要时刻聆听自己内在的声音。学会聆听内在的声音，你的内在力量就会增长。虽然过程会很艰辛，但只要坚持到最后，你会发现风景很好。

——摘自例会记录

12. 人是会受到影响的

白硕：真的会有人因为我们而发生改变吗？

老师：你只要存在，就有自己的频率。你有你的频率，我有我的频率，频率一致的时候就会产生共振。

白硕：有些人不会意识到你做了什么，你所做的事不会影响到所有人。

老师：重要的是人们如何去觉察。你只要存在，就会影响到其他人。

一凡：我们确实会被别人影响。当我看到别人很开心时，我也会很开心。

老师：孟母三迁的故事说明，不同的环境会刺激内心不同部分的成长。因此，我们要和志同道合的人在一起，相互影响，共同提高。

——摘自例会记录

13. 离开成长训练营后的成长

淑君：我马上就要毕业去当老师了，不知道离开成长训练营后我该怎样继续成长。

老师：第一，与自己想要成为的那种人多接触，多观察他们，向他们学习。第二，不要好高骛远，路就在脚下，把自己的工作做好，尽力做一名好教师。第三，多读书，然后践行书中所讲的道理。第四，尽本分，学会做人，如果有可能的话，去做一份义工。如果这些都能做到，你就成长了。

——摘自例会记录

三、带队技巧

（一）如何面对队员

1. 让队员学会对自己负责

我们在第一次活动时就要明确地告知队员——要学会对自己负责。对自己负责的程度是衡量人成熟与否的重要标准。

要想对自己负责，我们就要先学会独立，减少对他人的依赖。

——王老师

2. 如何拉回跑题的队员

白硕：我不知道如何打断队员。有个队员很喜欢跟大家分享自己的感受，但总是跑题。

老师：你可以跟他说："我很欣赏你的分享，但我们能不能回到这个问题上？"你不是要打断他，而是把他带到主题上来。你们不是对立的关系，他也不是你的敌人。

——摘自例会记录

3. 团队中的信任

钦晖：这次带队的感觉比上次好很多。上次我对他们有很多偏见，感觉团队气氛不够活跃，这次的氛围很好。上次带队时我太关注自己内心的状态，觉得对面都是敌人。这次我放松了很多，但还是有不清楚的地方，比如在"信任分享"的环节，有个队员偏离信任的话题，讲的全是和父母沟通相处的方面。

老师：如果一个人和你分享他和父母的关系，说明他对你是信任的。我们讨论信任的目的是什么？

钦晖：让大家学会运用信任，知道什么时候该信任别人以及怎样掌管自己的信任。

老师：这个队员的分享对这个有帮助吗？

钦晖：有，他在用行动展示对别人的信任。

老师：可能他自己没有意识到，但是他做到了。你能协助他看到他展示信任的过程。如果你可以向大家展示他对于大家的信任，大家一定会很开心。听到我这样说，你学到了什么？

钦晖：您的话让我意识到，原来我的团队是充满信任的。我觉得很棒，突然体会到一种自豪感，对自己的认同感加强了，对团队也更有归属感了。我之前完成目标的方式比较死板，就是问一个问题，然后让队员们思考，感觉那样很教条。以后我会让大家抓住现场的事情来分享，那样大家会有话可说。

老师：抓住素材，然后再进行引导。引导关系是最重要的。当你打断别人时，关系就被破坏了，虽然话题跑偏了，但是关系还在。如果关系被破坏了，你就带不回来了。

4. 队员不配合怎么办

瓘珺：有个队员不想给母亲写母亲节卡片。

老师：没关系啊，这是可以的，想写就写，不想写就不写。

璀珺：是不是氛围让他不太舒服？

老师：你可以和他核对一下，他到底需要什么。你问他，他需要你做些什么。在你决定做点什么的时候，你先要了解他，了解他之后，才能帮助他。你不理解某个人的行为时，你就去问他。教练也是普通人，教练也可以不知道怎么办。只要我们做的时候尽心尽力，无论结果是什么，都要从容面对。

——摘自例会记录

5. 总有让自己不舒服的队员

彧婷：有的队员让我觉得很舒服，而有的队员让我觉得很不舒服。我做了很多分析，现在有点想通了，让我感到不舒服的队员可能就是这个样子的，他的行为方式可能与他的经历有关。

老师：你要进入教练的角色，不管自己喜不喜欢，都要创造一个让他们成长的机会。只要他们来，你就要感谢他们。来这里的学生都是愿意成长和改变的。我们要试着接纳他们的不一样，让他们在团队活动中有所学习，有所成长。

——摘自例会记录

6. 打断只是一个手段

老师：鸿娟，你的团队怎么样？

鸿娟：队员们很活跃，气场也很足，他们仿佛总是在用审视的目光看待教练。大家在游戏时很放松。四个男生很能说，六个女生中有四个很能说，他们在分享时很容易跑题。我不太会打断别人，队员觉得我的控场能力不够强。

老师：你想要怎样？

鸿娟：我想变得既友好，又强硬。

老师：你知道是什么妨碍了你打断别人吗？

鸿娟：我觉得打断别人没有礼貌。

老师：对，你想做个有礼貌的教练。

（鸿娟笑）

老师：一个人在讲话的时候，旁边有只蜜蜂马上要蜇他，你要不要打断他？打断只是一个手段，一种行为，我们要关注这个行为的初衷和实际产生的效果。初衷好，效果好，一切都好。初衷好，效果不好，我们就换种方式。

老师：你怎么会对打断这么敏感？为什么会觉得打断是不礼貌的？

鸿娟：我在学习沟通模式时了解到有一种打断型的人，所以就会把打断与不礼貌联系在一起。

老师：打断别人不一定就会成为打断型的人。

老师：我发现你一直在等待，试图让队员自己觉察到。

鸿娟：就是这样，我感觉自己很被动。

老师：如果教练被动，团队就会没有凝聚力，没有前进的方向。你的亲切感足够，但是推动力不够。

——摘自例会记录

7. 队员只想玩

老师：你可以直接问他发生了什么。

赫倩倩：那会不会尴尬？

老师：会啊。你怕尴尬？

赫倩倩：是的。

老师：那你可以用你自己的方式。对我来说，当队员的行为偏离了团队目标时，我就会去核对。你需要平衡好队员玩的时间与学习的时间。你可以征求队员的意见，如果所有人都只想玩，那就带他们玩。如果有些队员想要学到一些东西，那你就要在带领大家玩的同时让他们有所收获。成功教练的定义是，既能让队员感到快乐，又能引领他们深入某个主题，使他们有所收获。

——摘自例会记录

8. 手册上的时间只是一个参考

皓瑜：我不能很好地把控时间。例如，在讨论环节，我想让大家都参与讨论，但有的人讲得很细，占用了太多时间，其他人就没时间发言了。

老师：每次带队前就应该告诉队员大概什么时候结束。如果出现了状况，你就应该跟他们商量，是继续，还是结束。

皓瑜：作为引导者，我们应该好好探索一下打断的时机。

老师：你负责计时，说时间到，让他们自己决定是否继续讨论。

皓瑜：每个队情况不一样，有些队喜欢分享讨论，所以手册上的时间只是一个参考。

老师：你可以自己决定，也可以与他们商量。我建议你和他们商量一下，让他们来决定，这样能促进他们成长。之后，你把权利都交给他们，你只做项目布置者。你可以为团队中的每一个人都布置一份工作，如计时员、通知者、讲笑话的、带小零食的，等等。

皓瑜：这个活动本身要不要征求他们的意见？

老师：当然要。不过我希望有计时员。一凡，你也可以这么做，看看效果怎么样。

——摘自例会记录

9. 让分享成为一种自然的体验

吕振伟：很多队员对游戏感兴趣，但是不想分享，遇到这种情况怎么办？

老师：带队教练是怎么做的？

吕振伟：依旧让大家分享。

老师：教练应该注意，队员可能本身并不排斥分享，可是当被告知分享是一个强制性的要求时，他们就会有压力，反而就不愿意分享了。如果教练说分不分享都是可以的，那么他们就不会有这个想法。

老师：教练的任务是让分享成为一种自然的体验。人不可能没有体验，只是认为那个体验不重要，因此忽视了自己的体验。

——摘自例会记录

（二）带队的基本框架

1. 关于反馈

我们为什么需要反馈？因为每个人都有盲点，需要借助团体伙伴的眼睛帮助自己觉察。在给自己的同伴反馈的同时，我们也要虚心接受别人的反馈，这是帮助自己成长的力量。我们要用宽容的态度对待别人对自己的具有冲击力的反馈。

我们应如何进行反馈呢？例如，"在这个部分里我对你的……方面很欣赏，同时我观察到的是什么我对它的解读是……我觉得可以提升的是……"又如，"我看到了……我听到了……，我做了……理解，我不知道你的理解是不是这样，所以想和你做个核对"。

教练教会队员用这种方法进行反馈，就可以避免无谓的对立。即便是一个非常有冲击力的反馈，也很容易被接受。教练最好做出示范。

我们在做反馈时，先说自己发现的对方做得好的部分，然后再指出不足，并真诚地给出建议。

——王老师

2. 第一次带队思路

首先，教练要营造正向积极的团队氛围。

其次，进行团队建设。告诉队员怎样与队友合作，怎样觉察自己，怎样用清晰的、不引起反感的方式进行反馈。还要让队员明白自己在做什么、想什么，如何把学到的东西用到生活中，等等。

最后，让队员两两讨论。例如，你在"对自我负责"这个部分的讨论中有什么收获？你准备在活动中怎样做？你准备怎样把它应用在生活中？

——王老师

3.　是否要提前告知队员游戏目的

提前告诉队员游戏目的会有降低游戏趣味性的风险。设计游戏的目的是让队员体验游戏的过程，借助游戏了解自己，并在与他人合作中增强对别人的接纳，因此教练最好不要提前告知队员游戏目的。

——王老师

4.　关于小组讨论人数

两人一组讨论：信息量很大，适合讨论双方取长补短，深化理解。

三人一组讨论：利于形成共识，方便教练做引领。

——王老师

5.　教练干预队员指南

老师：助人是专业性很强的工作。助人者要有觉察力，有能够改变他人的影响力。被助者要愿意改变。

朱琳：我发现自己很容易被带跑。

老师：那是怎么回事？应该怎么办？

老师：听起来你是在问接纳的标准。我们心中要对对错有一个清晰的界定，知道这么做带来的后果。如果队员认可，很好；不认可，也可以。我们并不是要把他扔到一边不管。

朱琳：我知道对错却不告诉他，这样做是错的吗？

老师：不一定。我们要先把自己照顾好，然后再评估他是否愿意听，还要评估当时的情境。

在团队里，我们要按规则去做事。当看到某个行为时，我们要判断这个行为是否影响团队。如果影响，要先拒绝，然后做出解释；如果没有那么大的影响，就问问大家需不需要讨论。

"除了我自己，这个世界没有任何问题。"当你在每个人身上看到自己的影子时，你就明白这句话的含义了。所以，从觉察自己开始。

——摘自例会记录

6. 引导分享

王永：队员真的有那么多体会吗？我带队时，队员分享得很少。

老师：你觉得是没有，还是不分享？

王永：这也是令我困惑的地方。可能是我带得不够深入。

老师：我认为是带得太过深入。就像能在深水区游泳的人很少一样，当你直接引导队员进入深水区时，能跟得上的队员就会很少。所以在引导时我们要由浅入深，先问大家令他们印象深刻的是什么，最后再问他们的感受。

王永：也就是引导的时候先问简单的、容易回答的问题。

老师：只要是人，就会有很多层次的体验，但人对体验的觉察是有差异的，对体验的提取也是有差异的。体验分享是一个逐渐深入的过程，有多少算多少，不要急于求成。

王永：我太心急，总盯着主题。

老师：你一下子就能够看到主题，那是因为你爱思考，而且都经历过。你想让他们体验到最重要的东西，就要到他们身边把他们带领过来，而不是叫他们走过来。陪伴队员，不要让队伍拉得太长。只要队员们是在一起的，就会有动力前进。

——摘自例会记录

7. 经验分享时

一凡：队员有一些疑问，虽然我当时有一些经验性的结论，但我没有说，因为我担心自己说出来会像是老师在说教。我不知道该不该说。

老师：所谓经验性的结论其实是我们的建议，我们要练习把它们变成我们的问题。如果我们直接把经验告诉他们，可能那些不是他们想要的，所以我们可以给他们更多的可能和选项，让他们自己去选择。一种方法是我直接告诉他这样办；另一种方法是我说有几种可能，有几种选择，让他来选。当这几种可能性的架构建起来之后，我再说我的看法。"你是选择者，我只是给你一个协助"，这是引导式教学。把你的建议转化成一个问题。这个过程是让问题浮上水面的过程，它可以让队员找到是什么在阻碍他们。

一凡：我觉得自己的经验不适用于队员，我要找出一个引导性的东西给队员。

老师：现在我们再来看细节，比如说刚才的问题：我不知道怎么感恩自己的父母。你可以问他："你觉得父母希望你怎么样呢？"如果这个学生知道怎么做能让父母开心，那这个问题就解决了。如果有人不知道怎样做，你要怎么办呢？父母打电话经常会问："你现在吃饭/睡觉了吗？身体怎么样？"所以所有父母都希望子女健康成长、幸福开心。可能很多人都知道父母希望自己健康快乐，但对于这个希望的强烈程度却没有很明确的意识。

一凡：所以我们要试着用问题去引导他们，如果不行，再用实例去引导他们。

——摘自例会记录

8. 带队的秘诀

如果我们过于关注目标和结果，就会忽视人。我们要学会陪伴。失去了陪伴和联结，他们反而哪儿都去不了。如果我们关注他们，他们就会成长得飞快。我们陪伴的力量会让他们有动力去思考和学习。失去这种陪伴，成长就变成了一种任务。因此，带队的秘诀是"跟他们在一起"。

——摘自例会记录

（三）父母和家族故事部分的带领

1. 家族故事分享聚焦于什么

在"家族故事"环节，我们原本是要"述祖德"，现在却变成了讲述家族中的温馨故事。从成长价值来看，我们只需把一点打透就好，即让队员分享跟父母之间的联结，然后聚焦在和父母的关系上。队员可以分享与父母之间最难忘的故事、自己所了解的父母、和父母相处的困难等。队员通过和父母的联结建立与其他家人的联结。

和爷爷奶奶一起长大的人更需要和父母建立联结，这对于他们的心理健康至关重要。和你一起开心的人，你可能会忘记他；和你一起哭的人，你会永远记得他。把委屈和痛苦分享出来的目的其实就是直面它们。

——摘自例会记录

2. 如何引导家族故事分享

教练没有介入，而是让队员去讨论，这很好。如果当碰到来自单亲家庭的队员时，我们不需要做什么，也不需要"拯救"什么，只要让队员之间相互给予支持就好。

如果你想让大家分享得更深入，就可以问他们："你们有什么感受？听了大家这么多分享，有什么想说的吗？受到了什么启发？"教练在组织分享时要让队员感到自己的关怀和善意，要让队员知道自己并不是出于好奇或对他隐私的窥探才让大家分享的。如果教练只是一味地问队员"有什么新的学习"，就会使他们感觉很累。

——王老师

3. 引导家庭故事分享时应注重什么

边航：我觉得在分享家庭故事的时候，气氛很温馨。感觉家庭对每个人性格的影响也不一样。我担心这种温馨的气氛会阻碍其他队员分享不好的东西。我想问的是，在这个环节，是只讲温馨的故事，还是也可以讲家庭矛盾？

老师：这个环节的目的是什么？

边航：让队员意识到爱。

老师：如果意识到了爱，是不是一定要分享出来？其实体验是第一位的，不分享也没有关系。分享的部分只是个结果，原因是之前所做的铺垫和引领。你在引领时要做到两件事，一是清楚引领的目的，二是在不做限制和要求的前提下让队员分享出你想让他们分享的内容。不管分享什么，那都是他们认识家庭的一个途径。

——摘自例会记录

4. 在队员分享不幸的家族故事时，教练怎样应对

鸿娟：当我听到大家分享不幸的家族故事时，我不知道该怎么去处理。我担心自己不能给人家什么解决办法。

老师：我们的目的是让他成长，感受不好不代表没有达到目的。虽然我们未必有解决方案，但是我们可以让他感受到我们是关心他的。

悦己队倾向于分享温馨的家族故事，而鸿娟队的分享氛围则有些悲伤。不同的氛围对队员的影响也不同，是不是需要教练的主动介入？

悦己队在分享过程中，有队员写反馈：教练可以提前调查一下家庭情况，照顾到某些人的感受，尤其是来自单亲家庭的队员的感受。在分享过程中，大家倾向于分享幸福、温馨的家族故事，这种倾向性会使一些家庭没有那么幸福的队员感觉更难受、更伤心。该怎么办？

边航：教练在这种情况下可以"以身作则"，分享自己的家族故事。而且有意地把温馨和悲伤、幸福和不幸统一起来。

璀珺：教练需要在前四次活动中创设一种安全的团队氛围，使队员敢于去分享。

——摘自例会记录

5. 带队指导——家族部分

这一部分想要达到的目标是：让队员心中有父母和父母的爱。最理想的状态是：让队员体会到父母的关爱，以及家族中所有人的关爱。知道自己隶属于一个家族，知道自己被很多人爱着。当一个人明确知道自己隶属于一个家族的时候，就会感受到

爱。当感受不到爱时，就会感到生命很匮乏，缺少东西，人们就会想要抓住一些自己不需要的东西。

当家族给予的力量不够时，人们才会从外界获取慰藉。人们的家族观念不够强是因为宣传的力度不够。

问题1：如果队员现在能够想到的都是痛苦，我们该怎么办？

老师：我们不能要求他对痛苦的部分也喜欢。每个人的家族中都会有一个对于自己很重要的人，我们一定要去找一个这样的人来依靠。我们不必要求队员去喜欢家族中的所有人，但至少应当做到对父母的接纳。

问题2：家族的联结是带队的核心，但是我们在做宣传时呈现的信息不是这样的，是否需要向队员们说明？

老师：不用，因为他们很难理解这个。我们只需要呈现结果就好，至于队员是否接受和认可，取决于他们对你的信任程度。活动只是一个体验，重要的是体验之后的整理和反思，这才是真正的收获。

——摘自例会记录

6. 对《这一生为何而来》的理解探讨

和父母生命的联结对我们很重要。和他们的联结不是指外在的靠近，而是指更深层面上的联结，书中说：当我们和母亲的联结不好的时候，和父亲的关系也会受到影响，因为我们的生命是从母亲那里来的，和母亲的关系是生命最早的联结。当这份联结不够紧密的时候，我们就无法达到对自己生命的认可。

——王老师

第六章
成长训练营
大事记

你要有这个自信：我是一个生命，我有学习的能力，遇到足够的资源就可以成长。这是对生命本身的信任，而不是对拥有什么的信任。

你要相信自己的生命胜过相信我，你要相信你的生命一直没有放弃你，它会陪伴你度过任何高峰和低谷。不是我，也不是成长训练营成就了你，而是你自己成就了你。

——王东升

> **导言**
>
> 　　成长训练营大事记是对成长训练营发展过程的完整记录。我们通过看这个大事记，就可以看到成长训练营是怎样一步步发展起来的，其间经历了哪些变化和调整。
>
> 　　大事记中记录了成长训练营是如何一步步完善了团队建设，并形成了一个分工明确又能高效率合作的工作团队的。相信这个记录对于任何想要创建这种类型的朋辈辅导团体的创建者来说，都具有重要的参考价值，对于想要完善团队管理机制的团体管理者来说，也有一定的参考价值。
>
> 　　另外，从这些记录里我们还可以看到成长训练营是怎样一步步从拓展训练、童军活动、心理咨询、家庭治疗、传统文化中汲取养分，并不断地改善和完善，从而形成今天的成长训练营的。

一、大事记（截至2017年12月）

2004年：

9—10月：　成长训练营筹划工作，包括团体活动室筹建，购买各种训练器材等。

10—12月：成长训练营正式开营，组织第一次宣讲会，第一期营员培训。第一批学员共15人。

2005年：

3—5月：　第一期教练选择和培训，对第一批学员中的骨干进行培训，传授带队所需的心理学知识及相关的带队技巧。

5—6月：　第二期营员培训，通过课堂、海报进行宣传，历时12小时。由新教练亲自带队，同时设立督导组。

9—10月：　第三期营员培训（主题是新生适应）。

11—12月：第四期营员培训。

第二期教练选拔和培训，新增教练4人。

另：负责北京师范大学公关部的培训

负责北京师范大学白鸽青年志愿者的培训

2006年：

1月：　　　成长训练营对2005年进行了总结。

3—4月：　成长训练营规划设定。

5—6月：　第五期营员培训。

第三期教练选拔，新增教练6人。

设立成长训练营教练组论坛板块。

9月：　　　组建4个部门：培训部、宣传部、策划部、办公部。

组织新生遛弯活动。

9—10月：　第六期营员培训。

第三期教练培训。

10月：　　制定成长训练营章程。

培训部制定出一个比较完整的培训流程。

宣传部制定出一个比较完整的宣传流程，开始制作成长训练营网页。

策划部修订成长训练营的活动反馈表，整理成长训练营的理论背景并开发新

生适应活动。

办公部开始为教练和队员建立档案，制定出团体训练室使用规则和较完整的

财物管理制度。

11—12月：第七期营员培训（主要针对研究生群体）。

2007年：

1月：　　　成长训练营对2006年进行了总结。

3—4月：　　第四期教练选拔，新增教练5人。

　　　　　　办公部制定出较完整的新教练选拔流程。

　　　　　　宣传部策划第一次教练组的迎新告别会。

5月：　　　组织教练参加李中莹老师在北京的亲子关系公开课。

5—6月：　　第八期营员培训。

　　　　　　第四期教练培训。

　　　　　　策划部继续开发团体辅导活动。

6月：　　　设立成长训练营营员论坛板块。

9月：　　　两次新生遛弯活动。

10—11月：第九期营员培训。

　　　　　　策划部修订问卷并将问卷反馈模板化。

11—12月：第十期营员培训。

12月：　　　参加"向水·心灵之旅"高校学生心理社团论坛，主持"朋辈辅导"工作。

2008年：

1月：　　　成长训练营对2007年进行了总结。

3月：　　　第五期教练选拔，新增教练5人。

4—5月：　　第十一期营员培训。

7月：　　　派6名教练前往香港带领《珠江少年》绿野仙踪夏令营，并学习童军活动

　　　　　　方式。

9月：　　　新生遛弯活动。

10月：　　　四周年庆。

10—11月：第十二期营员培训。

2009年：

1月：　　　成长训练营对2008年进行了总结。

3—4月：　第六期教练选拔，新增教练2人。

5月：　　　雪绒花使者小游戏培训。

　　　　　成长训练营搬家到16楼268团体活动室，有了固定的场地。

5—6月：　第十三期营员培训。

　　　　　王老师萨提亚冰山、情绪管理培训。

6月24日：　成长训练营历届教练聚会，把活动记录刻盘送给离营教练。

6月：　　　成长训练营整理各个教练手里的资料和论坛资料。

9月：　　　新生遛弯活动。

　　　　　第七期教练选拔，新增教练6人。

10—11月：第十四期营员培训。

　　　　　第七期教练培训。

12月：　　第十五期营员培训。

2010年：

1月：　　　成长训练营对2009年进行了总结。

3—4月：　第十六期营员培训。

　　　　　第八期教练选拔，新增教练3人。

5月：　　　"五一"假期春游——柏林寺之旅。

　　　　　策划部研发创造力团队带队方案。

　　　　　培训部制作教练执行手册以及新教练培训手册并制订了分主题的新教练培训方案。

5—6月：　第十七期营员培训。

　　　　　第八期教练培训。

6月24日：　与中国儿童少年基金会交流讨论合作事宜。

6月25日：　成长训练营历届教练聚会，给离营教练留言，并赠送礼物。

6月30日至7月1日：与香港山旅协会石天伦老师一行人交流。

7月6日：　与中国儿童少年基金会、花旦、打工妹之家交流讨论合作事宜。

7月：　　成长训练营整理各个教练手里的资料和论坛资料。

9—10月：　第十八期宣讲会及第十八期带队。

10月：　　去香港山旅协会进行为期10天的交流。

11月7日至12月：与中国儿童少年基金会合作的项目——在"新未来打工子弟学校"和"北京市昌平区昱颖中学"这两所打工子弟学校进行了5次培训。

12月14日：与北京师范大学教育基金会和中国儿童少年基金会工作人员交流。

12月初至2011年1月：第十九期宣讲会及第十九期带队。

2011年：

1月：　　对本学期各部门的工作进行了总结，并对下学期初的工作做了初步的安排。

3月8日：　进行新教练第一轮面试，之后进行第二轮面试，有3名新教练进入教练组。

3月15日：新教练欢迎会。

3月11日：自然之友培训交流会。

3月16日：第二十次宣讲会。

4月2日：　教练组参观学校主要为北京师范大学辅导员设立的钟谷兰老师的"静心冥想"工作坊。

4月5日：　教练组春游。

4月23日：开始中国儿童少年基金会第二期带队，共8队，除社区中心为两名教练一队外，其他均为一名教练一队，员工志愿者跟队。

5月14日：培训心理健康者协会工作人员。

5月15日：培训雪绒花使者。

5月22日：培训文学院2010级3班学生。

5月31日：进行新教练第一轮面试，之后进行第二轮面试，最终5名新教练进入教练组。

6月12日：完成中国儿童少年基金会第二期带队。

6月14日：新教练欢迎会。

6月21日：老教练送别会，送别刘文婧、贺兴、张定燕、宋一晨4名教练。

7月至8月：赵霞、藤雪莲等教练赴西安参加"世界大学生夏令营"。

9月15日：教练组集体赴北京郊区秋游。

9月21日：召开第二十一期宣讲会，招募了第二十一批队员。

9月底至11月中旬：校内带队（三长队，两短队），在北京市朝阳区博文实验学校带领中国儿童少年基金会的员工志愿者开展了五次带队督导活动。

11月23日：召开第二十二期宣讲会，招募了第二十二批队员。

11月底至12月底：开展第二十二期校内带队活动，此次带队由王老师全程指导。

12月31日：教练组一起参加跨年系列活动。

2012年：

2月27日至4月9日：完成传统文化（仁、义、礼、智、信）的总结，并初步与带队项目的点进行融合。

4月9日：从带队技术和传统文化与带队结合两方面对实习了半年的3名教练进行考核，并最终确定一名新教练最终正式加入成长训练营。

4月18日：召开第二十三期宣讲会，招募新队员。宣传比较成功，来宣讲会的人很多，报名的也很多。

4月23日至5月26日：带队分享。王老师带领5位教练制作了带队报告的模板。

6月9日：招募新教练，7名新教练通过面试，他们需完成暑期作业（学习传统文化，看圣贤教育光盘，写心得）并通过王老师的考核后才能跟队。

9月11日：赵霞分享了参加读经夏令营的感想。

10月1日：兰海东在"十一"假期期间参加了读经活动。

10月27日：召开第二十四期宣讲会，招募新队员。此次带队为示范性带队，由赵霞担任教练，全程录像。

11月3日至12月1日：开展第二十四期带队活动，由王老师全程指导。

11月10日：赵霞在带队过程中首创"守护天使"的新方式：自己也是守护自己的天使。

11月13日：王老师带领成长训练营的教练听王财贵教授的讲座。

12月2日：招募新教练，3名新教练（谌亚军、李易璐、朱琳）通过面试。他们需通过寒假学习的考核后才能跟队。

12月4日：在例会上王老师想起老教练李泊为"小飞侠"活动命名，并计入大事记。

12月14日：成长训练营去国家图书馆收集农妇的作品集，并扫描印刷。

2013年：

5月8日：召开第二十五期宣讲会，招募新队员。

5月10日至6月8日：开展第二十五期带队活动，共两支队伍，开始尝试加入与"孝"相关的活动内容。

6月8日：廖莹在带队过程中创造了"心心点灯"，即在念守护天使的信时加入点蜡烛环节，营造气氛。

10月31日：召开第二十六期宣讲会，招募新队员。

11月2日至12月1日：开展第二十六期带队活动，共3支队伍。

12月8日：招募新教练，4名新教练（徐雕龙、韩佳昕、汪一凡、徐瓅珺）通过面试。他们需通过寒假学习的考核之后才能跟队。

2014年：

3月21日：召开第二十七期宣讲会，招募新队员。

3月28日至5月31日：开展第二十七期带队活动，共3支队伍。

6月30日：招募新教练，两名新教练（王永、古钦晖）通过面试，需经过暑假学习的考核之后才能跟队。

10月29日：召开第二十八期宣讲会，招募新队员。

11月1日至12月21日：开展第二十八期带队活动，共两支队伍。

2015年：

1月1日：招募新教练，3名新教练（夏彧婷、庄鸿娟、赫倩倩）通过面试。

4月10日：召开第二十九期宣讲会，招募新队员。

4月18日至6月6日：开展第二十九期带队活动，共3支队伍。

6月7日：招募新教练，3名新教练（李小龙、杨雯、边航）通过面试。他们需通过暑假学习的考核之后才能跟队。

6月16日：建立成长训练营微信平台，王老师与教练讨论带队转型为公开课的想法。

8月3日至8月10日：5名教练参加东华禅寺第六届佛教文化夏令营。

10月28日：召开第三十期宣讲会，招募新队员。

10月31日至12月12日：开展第三十期带队活动，共2支队伍。

11月10日：拟在第三次活动（主题为沟通）中加入"宿舍案例角色扮演"项目，大家讨论确定实施细节。

12月19日：招募新教练，1名新教练（胡皓瑜）通过面试。

2016年：

3月28日：新学期第一次例会，欢迎新教练的加入。重新梳理部门：策划部：赫倩倩、庄鸿娟；培训部：王永、李小龙、胡皓瑜；办公部：易璐、梦瑶；宣传部：古钦晖、边航、夏彧婷。

4月7日：召开第三十一期宣讲会，招募新队员。

4月9日至5月28日：开展第三十一期带队活动，共3支队伍。

4月25日：决定将家族故事与家庭调换位置。

6月5日：招募新教练，两名新教练（阳倩、徐梦鹤）通过面试。

7月5日：老师与部分教练讨论了本书的编写工作并分配了任务。参与教练：王永、古钦晖、赫倩倩、边航。

8月3日至8月9日：1名教练参加东华禅寺第七届佛教文化夏令营。

10月27日：召开第三十二期宣讲会，招募新队员。

10月28日至12月7日：开展第三十二期带队活动，共2支队伍。

12月13日：做带队总结，胡皓瑜添加新的东西，更新《成长训练营带队手册》。

12月17日：招募新教练，两名新教练（张一雄、陈芯瑜）通过面试。

2017年：

1月12日：成长训练营教练团建聚餐。

1月16日：讨论书稿的编写工作，初步定书名为《成长的脚步》。参与教练：王永、汪一凡、赫倩倩、胡皓瑜、吕振伟、阳倩、古钦晖。

4月20日：召开第三十三期宣讲会，招募新队员。

4月21日至6月2日：开展第三十三期带队活动，共2支队伍。

5月25日：召开成长训练营13周年特别纪念版活动宣讲会，招募新队员。

5月27日至5月29日：开展成长训练营13周年特别纪念版带队活动。

6月16日：招募新教练，两名新教练（张言、李昕洋）通过面试。

6月23日：成长训练营教练团建聚餐。

8月3日至8月9日：4名教练参加东华禅寺第八届佛教文化夏令营。

11月8日：召开第三十四期宣讲会，招募新队员。

11月10日至12月24日：开展第三十四期带队活动，共3支队伍。

12月30日：招募新教练。

二、带队具体情况统计

2004年：

* 组织第一期宣讲会（2小时），第一期营员培训：受益14人（其中研究生2人，本科生12人），140人次，总计活动时间超过30小时。

2005年：

* 第一期教练培训，受益9人，90人次，总计培训时间超过30小时。
* 第二期教练培训，受益4人，44人次，总计培训时间超过18小时。
* 第二期营员培训，共带队4组，受益37人（其中研究生9人，本科生28人），192人次，总计活动时间超过57小时。同时，督导4组48人次，总计督导时间超过18小时。
* 第三期营员培训，共带队5组，受益47人（其中研究生5人，本科生42人），217人次，总计活动时间超过70小时。同时，督导5组35人次，总计督导时间超过14小时。
* 第四期营员培训，共带队4组，受益35人（其中研究生2人，本科生33人），157人次，总计活动时间超过55小时。同时，督导4组48人次，总计督导时间超过18小时。
* 总计：宣讲会3次，累计6小时；共带队13组，受益营员119人（研究生16人，本科生113人），566人次，总计活动时间超过182小时；同步督导131人次，总计督导时间超过50小时。

2006年：

* 第三期教练培训，受益13人，130人次，总计培训时间超过36小时。
* 第五期营员培训，共带队4组，受益46人（其中研究生12人，本科生34人），230人次，总计活动时间超过61小时。同时，督导4组25人次，总计督导时间超过24小时。
* 第六期营员培训（新生适应），通过海报、据点、网站、进宿舍等方式宣传，并召开宣讲会。共带队4组，受益49人（全部为本科生），294人次，总计活动时间超过

62小时。同时，督导4组48人次，总计督导时间超过24小时。

- 第七期营员培训（主要针对研究生群体），通过海报、据点、网站等方式宣传，并召开宣讲会。本期带队6组，受益84人（其中研究生53人，本科生31人），380人次，总计活动时间超过81小时。同时，督导6组64人次，总计督导时间超过24小时。

- 总计：宣讲会3次，累计6小时；共带队14组，受益179人（研究生65人，本科生114人），904人次，总计活动时间超过204小时；同步督导137人次，总计督导时间超过72小时。

2007年：

- 第四期教练培训，受益12人，96人次，总计培训时间超过16小时。

- 第八期营员培训，共带队5组，受益49人（其中研究生23人，本科生26人），254人次，总计活动时间超过77小时。同时，督导5组25人次，总计督导时间超过15小时。

- 第九期营员培训，共带队3组，受益34人（全部为本科生），136人次，总计活动时间超过36小时。同时，督导3组15人次，总计督导时间超过8小时。

- 第十期营员培训，共带队7组，受益98人（其中研究生20人，本科生78人），549人次，总计活动时间超过117小时。同时，督导7组42人次，总计督导时间超过21小时。

- 总计：宣讲会3次，累计6小时；共带队15组，受益营员181人（研究生43人，本科生138人），939人次，总计活动时间超过230小时；同步督导82人次，总计督导时间超过44小时。

2008年：

- 第五期教练培训，受益8人，64人次，总计培训时间超过20小时。

- 第十一期营员培训，共带队8组，受益90人（其中研究生19人，本科生71人），480人次，总计活动时间超过129小时。同时，督导8组43人次，总计督导时间超过12小时。

- 第十二期营员培训，共带队6组，受益73人（其中研究生29人，本科生44人），365人次，总计活动时间超过90小时。同时，督导6组30人次，总计督导时间超过12小时。

- 总计：宣讲会2次，累计4小时；共带队14组，受益183人（研究生48人，本科生135人），845人次，总计活动时间超过219小时；同步督导73人次，总计督导时间超过24小时。

2009年：

- 第六期教练培训，受益9人，36人次，总计培训时间超过10小时。

- 第十三期营员培训，共带队5组，受益60人（其中研究生25人，本科生35人），158人次，总计活动时间超过40小时。同时，督导5组13人次，总计督导时间超过6小时。

- 第七期教练培训，受益12人，24人次，总计培训时间超过4小时。

- 第十四期营员培训，共带队5组，受益52人（其中研究生10人，本科生42人），260人次，总计活动时间超过70小时。同时，督导5组25人次，总计督导时间超过12小时。

- 第十五期营员培训，共带队2组，受益15人（其中研究生4人，本科生11人），30人次，总计活动时间超过10小时。同时，督导2组2人次，总计督导时间超过2小时。

- 总计：宣讲会3次，累计6小时；共带队12组，受益127人（研究生39人，本科生88人），448人次，总计活动时间超过120小时；同步督导40人次，总计督导时间超过20小时。

2010年：

- 第十六期营员培训，共带队6组，受益61人（其中研究生11人，本科生50人），

305人次，总计活动时间超过90小时。同时，督导6组36人次，总计督导时间超过12小时。

- 第八期教练培训，受益13人，61人次，总计培训时间超过10小时。

- 第十七期营员培训，共带队4组，受益34人（其中研究生6人，本科生28人），122人次，总计活动时间超过42小时。同时，督导4组8人次，总计督导时间超过8小时。

- 第十八期营员培训，共带队5组，受益50人（其中研究生8人，本科生42人），244人次，总计活动时间超过75小时。同时，督导5组5人次，总计督导时间超过15小时。

- 第十九期营员培训，共带队3组，受益27人（其中研究生6人，本科生21人），104人次，总计活动时间超过36小时。同时，督导3组12人次，总计督导时间超过35小时。

- 总计：宣讲会4次，累计8小时；共带队17组，受益172人（研究生31人，本科生141人），775人次，总计活动时间超过243小时；同步督导61人次，总计督导时间超过70小时。

2011年：

- 第二十期营员培训，共带队5组，受益45人（其中研究生17人，本科生28人），225人次，总计活动时间超过90小时。同时，督导5组5人次，总计督导时间超过15小时。

- 第九期教练培训，受益13人，26人次，总计培训时间超过5小时。

- 学校部分社团营员培训（受训人员为文学院2010级3班学生、心理健康者协会、雪绒花使者），共带队3组，受益85人（全部为本科生），85人次，总计活动时间超过9小时。同时，督导3组4人次，总计督导时间超过8小时。

- 4月23日起，中国儿童少年基金会带队8队，参与教练9人，志愿者教练16人。培训人数112人，560人次，总计活动时间120小时。

- 第二十一期营员培训，共带队5组（其中3组长队，2组短队），受益56人（其中研究生28人，本科生28人），209人次，总计活动时间超过85小时。同时，督导5组5人次，总计督导时间超过15小时。

- 第十期教练培训，受益10人，60人次（开营1次、沟通1次、冰山1次、带队指导3次），总计培训时间超过8小时。

- 10月15日起，中国儿童少年基金会督导5组，参与教练6人，志愿者教练9人。督导45人次，总计督导时间超过75小时。

- 第二十二期营员培训，共带队2组，受益人21人（其中研究生8人，本科生13人），100人次，总计活动时间超过30小时。同时，督导2组10人次，总计督导时间超过25小时。

- 总计：宣讲会3次，累计12小时；共带队15组，受益营员206人（研究生53人，本科生153人），619人次，总计活动时间超过214小时；同步督导78人次，共计督导时间超过138小时。

2012年：

- 第十一期教练培训，传统文化（五大主题：仁、义、礼、智、信）的总结与带队的融合，受益5人，50人次，总计培训时间超过21小时；同步督导时间2小时，督导2人次。

- 第二十三期营员培训，共带队4组（长队），受益57人（其中研究生11人，本科生46人），256人次，总计活动时间超过70小时。

- 第十二期教练培训，受益8人，96人次，总计培训时间超过56.5小时。

- 第二十四期营员培训，共带队1组，受益14人（本科生13人，已参加工作者1人），58人次，总计活动时间超过22小时；同步督导时间22小时，督导42人次。本次为定向带队，从国学社和文学院的对传统文化感兴趣的学生中招生，为以后在传统文化的基础上带队培养新教练。

- 总计：宣讲会2次，累计5小时；共带队5组，受益71人（其中研究生11人，本科生59人，已参加工作者1人），314人次，总计活动时间超过92小时。教练培训146人次，总计培训时间超过77.5小时。督导时间24小时，督导44人次。

2013年：

- 第十三期教练培训，受益8人，109人次，总计培训/督导时间超过52.5小时。

- 第二十五期营员培训，共带队两组，受益23人（其中本科生14人，研究生9人），100人次，总计活动时间超过44小时。

- 第十四期教练培训，培训受益7人，71人次，总计培训时间超过87.5小时；督导受益7人，30人次，总计督导时间超过18小时。

- 第二十六期营员培训，共带队3组，受益31人（其中本科生29人，研究生2人），142人次，总计活动时间超过62小时。

- 总计：宣讲会2次，累计4小时；共带队5组，受益54人（其中本科生43人，研究生11人），242人次，总计活动时间超过106小时。教练培训163人次，总计培训时间超过162.5小时；督导时间39.5小时，督导75人次。

2014年：

- 第十五期教练培训，受益10人，82人次，总计培训时间超过88小时；督导受益10人，60人次，总计督导时间超过15小时。

- 第二十七期营员培训，共带队3组，受益35人（其中本科生26人，研究生9人），177人次，总计活动时间超过73小时。

- 第十六期教练培训，受益7人，79人次，总计培训时间超过70小时；督导受益7人，60人次，总计督导时间超过17.5小时。

- 第二十八期营员培训，共带队两组，受益27人（其中本科生14人，研究生13人），143人次，总计活动时间超过50小时。

- 总计：宣讲会2次，累计4小时；共带队5组，受益62人（其中本科生40人，研究生22人），320人次，总计活动时间超过123小时。

2015年：

- 第十七期教练培训，培训受益10人，91人次，总计培训时间超过87小时；督导受益10人，67人次，总计督导时间超过21小时。

- 第二十九期营员培训，共带队3组，受益35人（其中本科生26人，研究生9人），159人次（其中本科生123人次，研究生36人次），总计活动时间超过70小时。

- 第十八期教练培训，培训受益10人，85人次，总计培训时间超过57.5小时；督导受益10人，35人次，总计督导时间超过11.5小时。

- 第三十期营员培训，共带队两组，受益22人（其中本科生17人，研究生5人），117人次（其中本科生85人次，研究生32人次），总计活动时间超过39小时。

- 总计：宣讲会2次，累计4小时；共带队5组，受益57人（其中本科生43人，研究生14人），276人次，总计活动时间超过109小时。

2016年（教练培训包括例会和新教练跟队）：

- 第十九期教练培训，培训受益10人，79人次，总计培训时间超过57.5小时；督导受益8人，60人次，总计督导时间超过24小时。

- 第三十一期营员培训，共带队3组，受益35人（其中本科生30人，研究生5人），176人次（其中本科生150人次，研究生26人次），总计活动时间超过65小时。

- 第二十期教练培训，培训受益9人，116人次，总计培训时间超过73小时；督导受益2人，20人次，总计督导时间超过26小时。

- 第三十二期营员培训，共带队两组，受益16人（其中本科生15人，研究生1人），87人次（其中本科生82人次，研究生5人次），总计活动时间超过43.5小时。

- 总计：宣讲会2次，累计5小时；共带队5组，受益51人（其中本科生45人，研究生6人），263人次，总计活动时间超过108.5小时。

2017年：

- 第二十一期教练培训，培训受益13人，102人次，总计培训时间超过23.5小时；督导受益3人，18人次，总计督导时间超过54小时。

- 第三十三期营员培训，共带队两组，受益22人（其中本科生14人，研究生8人），102人次（其中本科生64人次，研究生38人次），总计活动时间超过42.5小时。

- 第三十三期特辑，成长训练营13周年特别纪念版带队活动，受益15人（其中本科生10人，研究生5人），90人次（其中本科生60人次，研究生30人次），总计活动时间超过21.5小时。

- 第二十二期教练培训，培训受益10人，72人次，总计培训时间超过22小时；督导受益4人，24人次，总计督导时间超过70.5小时。

- 第三十四期营员培训，共带队3组，受益26人（其中本科生16人，研究生10人），其中116人次（其中本科生72人次，研究生44人次），总计活动时间超过70.5小时。

- 总计：宣讲会3次，累计6.5小时；共带队6组，受益63人（其中本科生40人，研究生23人），308人次（其中本科生196人次，研究生112人次），总计活动时间超过134.5小时。

成长训练营带队教练总括：

　　注：编号组成为加入教练组批次+总序列号。例如，03021是第三批（03）教练组培训时加入的总计第21位（021）带队的教练

编号	教练	编号	教练	编号	教练	编号	教练
01001	王东升	03021	刘文婧	08041	吴文焕	18061	边航
01002	马凯华	03022	胡利莉	08042	金雨晴	20062	胡皓瑜
01003	秦弋	03023	张曼云	08043	刘艺羚	22065	吕振伟
01004	刘思齐	04024	李泊	09044	魏聪	22066	阳倩
01005	饶印莎	04025	李窈然	09045	朱丹彤	22067	徐梦鹤
01006	翟冬梅	04026	李华莹	10046	兰海东		
01007	黄蓉	04027	吴浩然	10047	李奇哲		
01008	李春艳	05028	杜磊	12048	廖莹		
01009	崔扬	05029	米娜	12049	王淑君		
01010	贺春平	05030	付丽佳	12050	白硕		
02011	殷亚妮	05031	周永奕	13051	李易璐		
02012	刘叶	05032	陶沿池	13052	朱琳		
02013	张月	06033	李征	15053	汪一凡		
02014	卢松	06034	宋一辰	15054	徐瑾珺		
03015	王瑞敏	07035	贺兴	16055	古钦晖		
03016	臧伟伟	07036	高维东	16056	王永		
03017	梁凌寒	07037	滕雪莲	17057	夏彧婷		
03018	元莹	07038	张定燕	17058	庄鸿娟		
03019	黄丹玥	07039	张曜玥	17059	赫倩倩		
03020	苏金妮	07040	赵霞	18060	李小龙		

第七章

成长训练营
必备工作资料

一、北京师范大学学生心理咨询与服务中心成长训练营资料采集知情同意书及保密协议

同学们：

你们好！欢迎大家来到成长训练营！

为了更好地了解成长训练营的训练情况，学生心理咨询与服务中心会要求带队教练记录自己所带团队的整体情况，以对教练进行专业上的监督和提出改进意见。因此，我们需要对团体训练的过程进行录像和拍照，并以此作为教练的工作情况记录。这些资料会用于对教练的专业督导以及作为对成长训练营工作情况的记录。同时，在成长训练营活动结束后，我们还会要求大家递交一份个人总结。

录像的视频资料用于对教练的专业督导，只在成长训练营内部使用，不会被外传，不会对外公开，不会被用作宣传资料。

其中一些可以代表成长训练营的特点、展示成长训练营风貌的照片和文字，可能会被放到报纸、网站、展板、传单等宣传媒介上，用于宣传北京师范大学、北京师范大学学生心理咨询与服务中心和北京师范大学学生心理咨询与服务中心成长训练营。

您所在团队的照片和您递交的总结，有可能被采集和使用。对此，我们有义务事先征得您的同意。

如果您愿意自己的照片及相关信息被放到上述宣传媒介上，请您在阅读本知情同意书后，在同意栏签字。如果您不希望自己的照片及相关信息被放到上述宣传媒介上，请您在不同意栏签字。我们会在采集照片的时候尊重您的选择，不把您的形象摄入团队照片，同时在采集总结的时候也不会去选择您的总结。无论您的选择是什么，我们都会充分地尊重和接纳!

本同意书一式两份，一份留在北京师范大学学生心理咨询与服务中心备案，一份留给您所在团队的教练。如果您发现北京师范大学学生心理咨询与服务中心在未经您同意的情况下，把这些资料用于除宣传北京师范大学、北京师范大学学生心理咨询与服务中心

服务中心和北京师范大学学生心理咨询与服务中心成长训练营以外的其他活动中，您可以凭此知情同意书起诉北京师范大学学生心理咨询与服务中心。

　　另外，成长训练营致力于和大家一起营造温馨、安全的成长环境。为了保证每个人的权益，为了让我们有更好的成长氛围和环境，更为了保护每个人不受伤害和困扰，请您务必对队员及教练的隐私保密，不对外泄露和公开！

再次感谢您的配合！

是否同意自己的照片及相关信息被放到上述宣传媒介上：

队员签字：

同意：_____

不同意：_____

保证对队员及教练的隐私保密：

队员签字：

教练签字：

北京师范大学学生心理咨询与服务中心

成长训练营

×年×月×日

二、北京师范大学学生心理咨询与服务中心成长训练营资料采集知情同意书（补充协议）

同学们：

你们好！欢迎大家来到成长训练营！

为了更好地了解成长训练营的训练情况，学生心理咨询与服务中心会要求带队教练记录自己所带团队的整体情况，以对教练进行专业上的监督和提出改进意见。因此，我们需要对团体训练的过程进行录像和拍照，并以此作为教练的工作情况记录。这些资料会用于对教练的专业督导以及作为对成长训练营工作情况的记录。

录像的视频资料除用于对教练的专业督导外，我们还希望将带队中值得学习和借鉴的部分制成带队培训视频，作为教练培训的素材。我们保证，该视频只在成长训练营内部使用，不会被外传，不会对外公开，不会被用作宣传资料。

您所在团队的录像，有可能被采集和使用。对此，我们有义务事先征得您的同意。

如果您愿意自己的录像出现在上述培训材料上，请您在阅读本知情同意书后，在同意栏签字。如果您不希望自己的录像出现在上述培训材料上，请您在不同意栏签字。我们会在录像的时候尊重您的选择，不把您摄入团队录像中。无论您的选择是什么，我们都会充分地尊重。

本同意书一式两份，一份留在北京师范大学学生心理咨询与服务中心备案，一份留给您所在团队的教练。如果您发现北京师范大学学生心理咨询与服务中心在未经您同意的情况下，把这些资料用于除宣传北京师范大学、北京师范大学学生心理咨询与服务中心和北京师范大学学生心理咨询与服务中心成长训练营以外的其他活动中，您可以凭此知情同意书起诉北京师范大学学生心理咨询与服务中心。

再次感谢您的配合！

是否同意自己的录像出现在上述培训材料上：

队员签字：

同意：_____

不同意：_____

北京师范大学学生心理咨询与服务中心

成长训练营

×年×月×日

三、二人组访谈提纲

嗨，你好～

A、B两人一组，依据访谈提纲，进行访谈。

第一轮：A→B（约6分钟）

第二轮：B→A（约6分钟）

姓名：

专业：

年级：

家乡：

1. 什么时候你觉得自己很幸福？

2. 生活中哪些事情让你觉得兴奋和激动？

3. 在你生命中，你最珍惜和看重的是什么？

4．在课（业）余时间，你喜欢做些什么？

5．别人不知道的你是什么样的？

四、我所了解的父母

我所了解的父母

爸爸的生日是＿＿＿＿＿＿＿＿＿＿＿＿　　妈妈的生日是＿＿＿＿＿＿＿＿＿＿＿＿

爸爸最喜欢吃＿＿＿＿＿＿＿＿＿＿＿＿　　妈妈最喜欢吃＿＿＿＿＿＿＿＿＿＿＿＿

爸爸所穿鞋子的尺码是＿＿＿＿＿＿＿　　妈妈所穿鞋子的尺码是＿＿＿＿＿＿＿

爸爸的兴趣爱好是＿＿＿＿＿＿＿＿＿　　妈妈的兴趣爱好是＿＿＿＿＿＿＿＿＿

爸爸年轻时的理想是＿＿＿＿＿＿＿＿　　妈妈年轻时的理想是＿＿＿＿＿＿＿＿

爸爸最幸福的一件事是＿＿＿＿＿＿＿　　妈妈最幸福的一件事是＿＿＿＿＿＿＿

爸爸最后悔的一件事是＿＿＿＿＿＿＿　　妈妈最后悔的一件事是＿＿＿＿＿＿＿

爸爸的最大优点是＿＿＿＿＿＿＿＿＿　　妈妈的最大优点是＿＿＿＿＿＿＿＿＿

我最想为爸爸做的是＿＿＿＿＿＿＿＿　　我最想为妈妈做的是＿＿＿＿＿＿＿＿

爸爸对我的期望是＿＿＿＿＿＿＿＿＿　　妈妈对我的期望是＿＿＿＿＿＿＿＿＿

五、给爸爸的一封信

爸爸：

　　我特别欣赏您的：

　　我想感激您的是：

　　我想请您原谅的是：

　　我后悔我：

　　我还想要您知道的是：

　　当我们下次再见面时，我会：

六、给妈妈的一封信

妈妈：

我特别欣赏您的：

我想感激您的是：

我想请您原谅的是：

我后悔我：

我还想要您知道的是：

当我们下次再见面时，我会：

七、活动效果调查表（每次活动结束后使用）

活动效果调查表

指导语：我们希望通过本调查表，了解您对我们这次活动的看法和感受，以便我们更好地进行下次活动。答案没有对错之分，请如实作答。

◎ 对于我今天在活动中的表现，我＿＿＿＿＿＿。

1. 非常满意　2. 基本满意　3. 不确定　4. 不太满意　5. 非常不满意

原因是：

◎ 对于教练今天在活动中的表现，我＿＿＿＿＿＿。

1. 非常满意　2. 基本满意　3. 不确定　4. 不太满意　5. 非常不满意

原因是：

◎ 我最喜欢今天活动中的＿＿＿＿＿＿。

原因是：

◎ 我对今天活动中的＿＿＿＿＿＿感到最不舒服。

原因是：

◎ 我觉得我在今天的活动中＿＿＿＿＿＿。

1. 很有收获　2. 有一点收获　3. 收获一般　4. 没什么收获　5. 完全没收获

如果有收获，请具体列举

◎ 通过今天的活动，我对成长训练营的活动及教练的建议是＿＿＿＿＿＿。

成长小故事

当我老了

当我老了，不再是原来的我，请理解我，对我有一点耐心。

当我把菜汤洒到自己衣服上时，当我忘记怎样系鞋带时，请想一想当初我是如何手把手教你的。

当我一遍又一遍地重复你早已听腻的话语时，请耐心地听我说，不要打断我。你小的时候，我不得不重复那个讲过千百遍的故事，直到你进入梦乡。

当我需要你帮我洗澡时，请不要责备我。还记得小时候我千方百计哄你洗澡的情形吗？

当我对新科技和新事物不知所措时，请不要嘲笑我。想一想当初我怎样耐心地回答你的每一个"为什么"。

八、整期活动反馈表（六次活动结束后使用）

整期活动反馈表

指导语：我们希望通过本反馈表，了解您对我们这期活动的看法和感受，以便我们更好地进行下期活动。答案没有对错之分，请如实作答。

◎ 我觉得本期活动举办的次数＿＿＿＿＿＿＿＿。

1. 太多了　　　2. 有点多　　　3. 刚刚好　　4. 有点少　　　5. 太少了

◎ 对于本期活动的整体设计，我＿＿＿＿＿＿＿＿。

1. 非常喜欢　　2. 比较喜欢　　3. 无所谓　　4. 不太喜欢　　5. 很不喜欢

◎ 对于活动形式、内容、时间、场地和器材等，我的建议是＿＿＿＿＿＿＿＿。

◎ 对每次活动的满意度（在相应空格打"√"）

	非常满意	比较满意	没感觉	不太满意	非常不满意
第一次					
第二次					
第三次					
第四次					
第五次					
第六次					

◎ 在以上这些活动中，我最喜欢的是第＿＿＿＿＿＿＿＿次。

原因是：

◎ 通过成长训练营的活动，我的收获是＿＿＿＿＿＿＿＿。

1．更了解自己　　2．更喜欢自己　　3．学会如何沟通　　4．学会如何合作

5．结识了朋友　　6．更了解大学的生活　　7．心情愉快　　8．没有收获

9．其他（请补充）

◎ 当朋友问起我成长训练营的活动时，我会_____。

1．强烈推荐　　2．推荐　　3．不确定　　4．不推荐　　5．强烈建议他不要参加

◎ 我还希望参加关于_____的活动。

1．职业定位　　2．提高自信　　3．促进沟通　　4．促进团队合作　　5．人际交往

6．认识自我　　7．其他（请补充）

◎ 对于我在活动中的表现，我_____。

1．非常满意　　2．基本满意　　3．不确定　　4．不太满意　　5．非常不满意

原因是：

◎ 对带队教练各个方面的评价

项目	非常好	比较好	一般	不太好	非常不好
教练的亲和力					
教练的安全意识和责任心					
教练布置项目的能力					
教练对活动的投入程度					
教练自己对项目的理解					
鼓励学员参与分享的能力					
对学员发言和表现的反馈					
对学员发言的总结概括能力					
对项目或学员发言的引申和提升					

◎ 我想对教练说：＿＿＿＿＿＿＿＿＿＿＿＿＿＿＿＿＿＿＿＿＿＿＿＿。

◎ 对于成长训练营以后的活动，我建议：＿＿＿＿＿＿＿＿＿＿＿＿＿＿＿。

谢谢您在这一阶段的合作！

九、成长训练营带队详情统计表

第_____期带队活动

教练：_____

场次	日期	起止时间	时长	受益（到场）队员数	跟队教练 （名字，人数）	备注
1				共___人，其中 本科生___人，研究生___人		
2				共___人，其中 本科生___人，研究生___人		
3				共___人，其中 本科生___人，研究生___人		
4				共___人，其中 本科生___人，研究生___人		
5				共___人，其中 本科生___人，研究生___人		
6				共___人，其中 本科生___人，研究生___人		

十、教练带队总结模板

我这一期带队的整体目标是：

带队前我对这个团队的评估是（我认为这个团队怎么样）：

带队前我设定的带队目标是：

在带队过程中，我对这个队的发现是：

我是否调整了我的目标？如果调整了，调整成了什么样的目标？为什么？

围绕带队目标，我做了哪些活动？这些活动的目的各是什么？效果如何？

在这次带队中，我欣赏自己的哪些方面？

我觉得自己还有哪些不足？在哪些地方还需要提升？

这次带队过程中令我印象最深的是哪几个部分？这些部分带给我哪些感受？这些部分让我学到了什么？

十一、宿舍案例

案例（印发给队员）：

大三某女生宿舍，女生A与舍友的生活习惯不同，从而产生了一些矛盾。

情境1：A晚上很晚才回到宿舍，其他人已经睡了，A还在收拾东西，且发出很大声响。B出面阻止，A不接受，认为B在针对她。

情境2：A喜欢将东西随意放置，不愿收拾，有时还会占用舍友的空间。

表演与讨论：

1．队员饰演A/B，表演以上两个情境。

2．小组讨论，如果你是A/B，应该怎样与对方沟通以避免产生矛盾？队员表演与对方沟通的场景。

十二、宣讲会所需文档

调查问卷

指导语：这份问卷可以让我们了解您对宣讲会的看法和对成长训练营活动的看法，这将有助于我们更好地开展以后的活动。答案没有对错之分。请如实作答。

第一部分：关于宣讲会

◎ 我对今天宣讲会的总体感觉是＿＿＿＿＿＿。

1. 非常好　　2. 比较好　　3. 一般　　4. 不太好　　5. 非常不好

◎ 关于宣讲会的内容，我觉得＿＿＿＿＿＿。

1. 非常好　　2. 比较好　　3. 一般　　4. 不太好　　5. 非常不好

◎ 关于宣讲会的时间安排，我觉得＿＿＿＿＿＿。

1. 非常好　　2. 比较好　　3. 一般　　4. 不太好　　5. 非常不好

◎ 关于宣讲会的信息量，我觉得＿＿＿＿＿＿。

1. 太大了　　2. 比较大　　3. 刚刚好　4. 比较少　　5. 太少了

◎ 关于宣讲会，我还想说：＿＿＿＿＿＿。

第二部分：关于成长训练营活动

◎ 我是通过＿＿＿＿＿＿知道成长训练营活动的。

1. 传单、海报　　2. 摆摊宣传　　　3. 宿舍宣传　　4. 同学介绍

5. 喷绘　　　　6. 咨询中心网站　7. 广播台　　　8. 其他（请补充）

关于活动宣传，我的建议是：

◎ 我参加成长训练营是因为_____。

◎ 我喜欢的活动形式是_____。(可以多选)。

1. 讲解　　2. 游戏　　3. 讨论分享　　4. 其他（请补充）

◎ 参加成长训练营的活动，我将在团队里做一个积极投入的成员。

1. 完全符合　2. 比较符合　3. 难以确定　4. 比较不符合　5. 完全不符合

◎ 参加成长训练营的活动，我愿意在团队里尝试新的行为。

1. 完全符合　2. 比较符合　3. 难以确定　4. 比较不符合　5. 完全不符合

◎ 参加成长训练营的活动，我愿意在团队里和别人分享我的感受和故事。

1. 完全符合　2. 比较符合　3. 难以确定　4. 比较不符合　5. 完全不符合

◎ 参加成长训练营的活动，我会尽量真诚地面对团队中的每一个人。

1. 完全符合　2. 比较符合　3. 难以确定　4. 比较不符合　5. 完全不符合

◎ 参加成长训练营的活动，我有自己明确的目标和清晰的想法。

1. 完全符合　2. 比较符合　3. 难以确定　4. 比较不符合　5. 完全不符合

◎ 对于成长训练营即将开始的活动，我想说：_____。

田中人生

找到一个你的老乡	找一个人给你讲一个笑话
找到一个有共同兴趣的人	找一个今天晚上可以一起回去的人

十三、招募海报

成长训练营
第××期队员招募

这里是一个安全、温暖的交流空间和分享平台，每位队员都能够在友善、真诚的氛围中思考和感悟，并在与其他队员的相处、沟通中找到自己成长的方向。

欢迎加入成长之旅！

Who am I?

我们是北京师范大学学生心理咨询与服务中心下属团体。

我们有"量身定做"的体验式成长活动，成长训练营已历时××年，这是目前为止最成熟的一次带队，我们的活动全部免费。

报名方式：

预报名： 邱季端西南侧外场宣传台

时间： ×月×日—×日

短信预报名： "姓名+年级+院系"至12345678901

正式报名： 宣讲会现场

时间： ×月×日

周×晚×点—×点

地点： 教×306

期待您的到来~\(≧▽≦)/~！

活动简介：

8～15人自愿报名形成小组，由受训后的成长训练营教练带领，进行连续六周、每周一次的团体活动。

活动内容：

主题有团队建设、沟通、信任、合作、自我探索等。

活动形式：

体验式游戏和交流分享。

活动时间：

周×下午2点至晚6点。

（从×月×日起持续六周）

十四、成长训练营带队工作流程及具体操作方法
——培训部王永 2016.10.8

带队前：

预约例会场地：

工作量：每学期开学时1次，1人

工作流程：确定例会时间—向咨询中心登记预约团体室

预约带队场地：

工作量：每学期初1次，1人

工作流程：大致确定带队时间—向咨询中心登记预约团体室

微信推送：

工作量：1～2小时/周，1人

工作流程：——

批宣讲会教室：

工作量：时间不定，看具体情况，1人

工作流程：向咨询中心要申请单—向各相关部门交单

喷绘：

工作量：2小时（若重新设计需增加时间），1人

工作流程：（设计）—打印—向咨询中心要申请单—交单并请物业悬挂

海报：

工作量：2小时（若重新设计需增加时间），5人左右

工作流程：（设计）—打印或手绘—张贴—定时检查并重新张贴

批外展：

工作量：时间不定，看具体情况，1人

工作流程：向咨询中心要申请单—需要桌椅时向物业交单

外展：

工作量：3×2次，每次1～2小时，2～3人

工作流程：确认桌椅—贴好海报，准备好传单和预报名表—发放传单，介绍成长训练营活动—填写预报名表—告知宣讲会时间、地点—整理好材料，准备交接下一班

宣讲会：

工作量：2～3小时

任务分工：

主持1～2人；

检查多媒体设备并张贴海报1～2人

借相机并摄像1人

准备给嘉宾的礼物和零食1人

打印并发放活动材料及问卷1人

引导入场1～2人

整理报名信息（带队教练）

整理录像（培训部）

回收并分析宣讲会反馈问卷1～2人（策划部）

工作流程：确认多媒体并张贴海报—准备好所需物资—引导同学入场—发放活动材料及问卷—主持人宣讲（开始摄像）—现场正式报名—整理报名信息，协调队员—录像、问卷整理及后续带队安排

带队中：

带队：

工作量：4～5小时/周，1～2人

工作流程：提前熟悉本周带队流程—准备所需文件与物资—提前30分钟到场布置活动室—带队—收集本次反馈问卷—与跟队教练、督导教练共同讨论本次带队情况—整理带队日记

注：最后一次带队还需要让队员填写双面的"整期活动反馈表"，并介绍教练招新相关事宜

跟队：

工作量：4～5小时/周，1～2人

工作流程：借好摄像机和三脚架—帮助带队教练布置安排—记录带队过程中的观察和学习—与带队教练、督导教练共同讨论本次带队情况，向带队教练提出反馈、建议，同时可以提出自己的疑问—整理跟队日记—归还设备

督导：

工作量：3～4小时/周，1～2人

工作流程：活动前解答带队教练、跟队教练的问题—活动中观察教练带队状况，可以在适当的时候向带队教练提出一些建议，但不参与团体活动—带队结束后与带队教练、跟队教练共同讨论本次带队情况，向带队教练提出反馈和建议，解答带队教练、跟队教练的疑问

带队后：

预约新教练面试场地：

工作量：每学期末1次，1人

工作流程：确定新教练面试时间—向咨询中心登记预约团体室

一轮面试：

工作量：2～3小时，全体教练

任务分工：

主持人1人

收集和整理报名信息1人

打印、整理面试所需材料1～2人

借相机并摄像1人

准备给队员的礼物1人

引导入场、发放材料1～2人

一面结果通知：

录取：短信通知二面时间、地点，1人

不录取：拒信由其教练填写，通过公邮发送

整理录像（培训部）

工作流程：布置活动室，准备好所需物资—引导同学入场—发放面试材料—主持人发言，面试开始（开始摄像）—面试结束，教练讨论确定二面名单—录像整理及二面安排—面试结果通知

注：带队教练需为自己的队员写推荐信；所有教练作为面试官，根据队员表现评定分值并讨论决定进入二面的人员名单，之后与老师确定二面时间；教练需提前进入活动室进行布置和准备。

各部门整理本学期相关信息：

策划部：大事记、带队情况统计

办公部：账目、经费

培训部：——

宣传部：——

表格，涉及事项，工作量，负责人，完成情况，以及相关材料附上；做书的时候附上，大家可以清楚情况直接用。

具体操作方法

启动带队流程：

◎确定开始带队时间

2015年的秋季学期是10.31开始的。

【一共6次带队，对照校历，带队前算是教练培训，在大家步入正轨，新教练熟悉环境，并调整好心理状态之后开始带队，最好错开假期和体测，最好在考试月之前结束，最好留出一周缓冲时间】

◎知道带队流程

带队前：

微信平台宣传

可以现在起就推送一些文章，以增加关注人数，到时候做宣传推送时可以拜托咨询中心和雪绒花的平台转发

这里开始就需要确定宣讲会的时间和地点了

喷绘（提前跟咨询中心李老师要一个单子，表明挂喷绘的费用由咨询中心转账；喷绘一般要在宣讲会前挂两周，不过要看这次开几支队，人数不要太多，每队最初报

名十二三人是最合适的）

海报（海报手绘或打印15张左右，看不下去可以重新设计，但要详细，让人知道我们要干什么）

邱季端南外展3天［提前跟咨询中心张老师要一个桌椅使用申请单（或类似物），向物业预定2桌2椅］—排时间表—海报+传单+预报名表，预报名时告知宣讲会时间（宣讲会报名才是正式报名），一定要强调整期活动都来的重要性，解释清楚我们到底干什么；不要被预报名的假象迷惑，主要看宣讲会能来多少

宣讲会［批教室—跟咨询中心要一个单子，借一个大教室，填好后让王老师签字，然后按流程走就好；主持人（往期PPT、田中人生），嘉宾—老教练+往期队员—给嘉宾准备礼物（一般是书）；宣讲会有一个反馈问卷，是策划部宣讲会统计的数据来源，每队分开，保存好］—往年宣讲会反馈，向策划部赫倩倩要

带队中：

每次提醒并确认各队教练—提前打印需要的文件，提前借好摄像机和三脚架，提前准备活动物资（很多文件柜子里都有，能利用的就利用起来，不能利用的就再打印，每期活动反馈问卷可以多打一些）

每次带队结束后，教练可以写一篇小总结，发到微信公众号上

最后有一个双面的整期活动反馈问卷，是策划部统计的数据来源，提醒教练保存好

最后一次带队时，教练要在队内做教练招新宣传

带队后：

招募新教练—根据教练空闲时间确定一面时间（一般教练也在结束之后聚餐），

二面时间要跟王老师商量—如果两次面试在团体室的话，要跟咨询中心提前预约

我对大学教育的一些思考

一、我的工作和反思

2004年，我来到北京师范大学学生心理咨询与服务中心工作，成为一名心理咨询师和成长训练营的指导老师。在为学生做心理咨询和带队过程中，我有机会深入地了解人，看到人们的悲伤与痛苦，挣扎与无助，也有机会看到人性中的完整与光明、和谐与幸福。

但有时我也会感到困惑：为什么迷失方向的孩子越来越多？我们的教育或者我们的社会到底哪里出了问题？

通过近十年的探索，我发现一个事实，那就是人的一生中一定会遇到挫折，而无论人经历了什么，只要他体验过生命的美好、相信自己足够好，他就可以直面困难和挫折。所以，让学生感受生命的美好是多么重要！

我想无论我们的教育目标是什么，都应该让学生感受到生命的美好。

我们可以让学生无须通过外界的认可就可以真切地感受和体会到生命本质的纯然和美好，让他们在美好的青春时代，在大学校园里自由地探索自己，了解生命，用自己的好奇和兴趣，带领自己的学习，激发出生命中的智慧，而免于过早地为房子、工作和户口烦恼，并陷入无望和无谓的担忧中。

二、探索和发现

2004年，来到北京师范大学后，我就创建了成长训练营。我挑选了十几位对团体训练感兴趣的学生，他们来自各个专业，各个院系。我用半年左右的时间对他们进行培训，教他们如何带领10~15人的成长团体。之后，他们以团体教练的身份，定期带领学生进行团体训练。

做一名学生教练就意味着，这些小教练必须要先于同龄人成长。因为他们过一两年就会毕业离开，所以我就面临一个任务，需要不断地招募新教练，然后用半年时间把他们训练成合格的团体带领者。

这些年，我做了各种各样的尝试，除了每周一次的例会之外，我还给他们做心理训练，聘请教练带他们去户外拓展，请咨询中心的老师为他们做心理咨询，带他们去参加心灵成长课程，参加香港童军训练，请台湾童军教练对他们进行培训，带他们去参加国际青年夏令营，为流动儿童提供团体训练，为外企的志愿者团队提供心理训练，等等。

2012年寒假，一种新的途径浮现在我们的面前。那年冬天，我们开始学习《弟子规》和一些传统文化。寒假之后，我发现有个小教练有很大的改变，她越发开朗、自信和活泼，其沟通能力和领导能力都有很大的提升。

询问之后她告诉我，看了《弟子规》的光盘之后，她意识到自己要孝敬父母，但寒假回家后她发现自己整天就知道吃饭、睡觉、看书、出去玩，没有想过要为父母分担家务，感觉很惭愧，于是决定要帮助妈妈做饭，做家务，妈妈很感动。当妈妈看到女儿对自己这么孝顺，也开始更多地关心和孝顺奶奶，与奶奶冰释前嫌，这让夹在其间的爸爸也非常高兴，一家人过了个其乐融融的春节。

春节期间，这个教练更真切地体会到爸爸、妈妈和奶奶的爱，再次感受到家人和睦所带来的快乐，所以自己也很开心。在这个过程中，她越来越意识到，自己原来被这么多家人爱着、关心着，透过家人的爱，她开始感到自己是重要的，是值得被爱的，是幸福的，是美好的。

这个教练的经历让我意识到，传统文化中的孝道是可以像心理咨询一样激发出人性中的真诚、善良和美好，并进而透过家庭成员的相互激发，创建一个稳固的家庭支持系统的。

家庭支持系统，是人们获得健康心理的有力保障之一，我们中国人已经这样做了几千年了！

几千年来，没有心理咨询，中国人用自己的方式生活着，而且依然幸福！

这让我相信，祖先留下来的传统文化中一定有很多被遗忘和被忽视的智慧！

一瞬间，我为自己是中国人感到无比自豪！

三、体会和收获

我和我的小教练们开始了新的尝试，探索传统文化的育人理念和育人方法。

我们开始尝试通过改善学生和父母的关系，激发学生心中原有的对父母的爱，从而提升学生的自信心和心理健康水平。当我们在孝敬父母、无私奉献、不计回报地为他人服务的时候，我们就是在呈现自己生命中的美好和爱，就是在彰显人性中纯然的真诚与善良。

我们设计了一些引发学生体会父母的关爱以及关爱父母的活动。

例如，"静默十分钟"。回忆父亲曾经为你做过什么？回忆母亲曾经为你做过什么？回忆你为父母做了些什么？

又如，"追溯家族故事"，"讲述自己手绘全家福的含义"，"给父母写一封信"等。从学生们的体会以及教练们的反馈中，我越发感受到这些活动对学生心理成长带来的影响和冲击。

很多学生开始由此关心和体谅父母，体会到父母养育自己的不易，既感到幸福，又感到有些惭愧。之后他们意识到，虽然自己还在念书，不能为家人做些什么，但至少可以经常给他们打打电话，关心和感谢父母，最重要的是让父母知道自己一切都好，让他们放心，或者最低限度，可以好好学习，健康生活，不让父母为自己操心。

小教练们面临的挑战也很大，因为很多参加训练的学生的确被父母伤害过，很难放下，甚至有的学生还想让自己的父母离婚。这些话题非常考验小教练的智慧。

虽然难，但我们都愿意，我们会继续探索和成长！

透过这些探索，我越发相信，家庭和谐可以引发学生内心的和谐。当学生内心和谐的时候，自然会把关爱扩展到周围的同学、老师等其他人身上。内心和谐的人多了，幸福的人也就多了，国家自然会更好，这大概就是我们心中的中国梦吧！

我们相信，如果学生对生养自己的父母都没有关爱，那更谈不上对其他人的关爱。即使有，那也是假的，不仅不会是发自内心的关爱，很有可能是另有所图的交换和利用。这样的人可以有能力，但很难有智慧。这样的人可能会付出，但一定会计算。这样的人是自私自利的，很难有真正意义上的奉献。因此，他们注定远离内心的和谐与幸福，会做出很多让自己痛苦的事情。

经过十年心理咨询的探索和几年传统文化的学习和实践，我认识到，中华民族的传统文化对于如何育人，如何培养"为天地立心，为生民立命，为往圣继绝学，为万世开太平"的国家栋梁有非常完善的一套方法。

我们可以继承和发展这一体系，为当今的中国！

四、我最想让学生学什么

如果有可能，作为北京师范大学的一名普通教师，我最想让学生学习两件事。

第一，学习并尊崇传统文化的教导，孝敬父母，尊重师长，知道自己是谁，自己从哪里来，自己的根在哪里，知道自己从哪里得到过爱，并心怀感恩之心。

第二，给自己足够的时间读书、思考，对自己好奇，对生命好奇，探索生命的本质。在开始树立远大目标之前，先了解自己，了解人性。在离开校园，开始人生旅程前，获得内心的宁静与和谐。

就像爱因斯坦曾经说过的："学校的目标始终应当是使青年人在离开它时具有一个和谐的人格，而不是使他成为一个专家。"

五、最后的话

每次看到我们的校训"学为人师，行为世范"时我就在想，作为中国教育领域内最有影响力的大学，我们怎样做才能无愧于留下灿烂文化的祖先，无愧于百年来在北京师范大学默默耕耘的前辈，无愧于把自己的孩子交给北京师范大学的每个家庭，无愧于每个相信北京师范大学，怀着景仰之情来北京师范大学学习的教育工作者？我们可以做些什么？

写到这里，我问自己，为了让这一切有可能发生，我自己可以做些什么？

心中出现一个声音：用你的生命去示范！

那么，亲爱的朋友，让我们一起，如何？